Abgesagt! Dem Klimanotstand bricht die Basis weg

ABGESAGT!

Dem
KLIMANOTSTAND
bricht die Basis weg

Warum die Natur den
Kohlenstoffkreislauf der
Erde viel stärker beeinflusst
als der Mensch

EIKE ROTH

Bibliografische Information der Deutschen Bibliothek:
Die Deutsche Bibliothek verzeichnet diese Publikation in der Deutschen
Nationalbibliografie; detaillierte bibliografische Daten sind im Internet über
http://dnb.ddb.de abrufbar.

1. Auflage 2020

Herstellung und Verlag: BoD – Books on Demand, Norderstedt

Covergestaltung: C. Mitura
Coverfoto: istockphoto.com | vchal No. 502039644
Satz und Layout: Joh.-Christian Hanke

ISBN: 978-3-7526-4764-8

Bildnachweis: Abb. 1 bis 3 vom Autor; Abb. 4 – Wikimedia Commons,
Urheber Stefan Pohl; hintere Umschlagseite – Micaela Parente (Unsplash)

Inhaltsverzeichnis

Abstract

Der Kohlenstoffkreislauf der Erde regelt, wie viel CO_2 sich in der Atmosphäre ansammelt. Er ist damit die Basis aller Klimarechnungen. Gegenstand der Untersuchungen hier ist eine Überprüfung der Modelle, mit denen der »Weltklimarat« IPCC diesen Kreislauf beschreibt. Es zeigt sich, dass sie das nur unbefriedigend können.

Der zentrale Ansatz in diesen Modellen ist die Annahme eines »natürlichen Gleichgewichtes« mit hohem CO_2-Austausch zwischen der Atmosphäre und den Speichern »Wasser« und »Biomasse«, dem durch die vergleichsweise kleinen anthropogenen CO_2-Freisetzungen eine »Störung« aufgesetzt wird, die sich nach eigenen Gesetzen entwickelt. Diese Gesetze werden in den Modellen so festgelegt, dass mit ihnen der beobachtete Anstieg der CO_2 Konzentration in der Atmosphäre vollständig als Folge der anthropogenen CO_2-Freisetzungen erklärt werden kann. Für eine fortgesetzte anthropogene Freisetzung berechnen die Modelle folgerichtig eine weitere hohe Zunahme der CO_2-Konzentration. Zusammen mit der Annahme einer hohen Klimawirksamkeit des CO_2 ist das die Basis für die Forderung nach einer drastischen Reduzierung der anthropogenen CO_2-Freisetzungen. Als Reaktion darauf haben Kommunen, Länder und die EU den Klimanotstand ausgerufen.

In diesem Buch wird gezeigt, dass die genannten Annahmen von IPCC logisch zwingend die Existenz von unterschiedlichen Zeitkonstanten für die Entnahme von CO_2 aus der Atmosphäre voraussetzen, dass es unterschiedliche Zeitkonstanten aber infolge der guten Durchmischung der Atmosphäre, der Gleichheit aller CO_2-Moleküle und der Konzentrationsabhängigkeit der natürlichen Umwälzung nicht geben kann! Als Folge davon kann das in der Atmosphäre angesammelte CO_2 gar nicht vollständig aus den anthropogenen Freisetzungen kommen, ein Großteil muss vielmehr *aus einer anderen Quelle stammen!* Der wahrscheinlichste Kandidat hierfür ist die allgemeine Erwärmung, wodurch auch immer diese ausgelöst worden ist, doch kommen prinzipiell auch andere Quellen infrage.

Als Alternative zu den IPCC-Modellen wird, in Anlehnung an Vorbilder in der Literatur, ein Modell vorgeschlagen, das hier als »Umwälz-Modell« bezeichnet wird. In ihm ist die Umwälzung nicht fest vorgegeben, sondern sie ändert sich nach physikalischen Gesetzen in Abhängigkeit von der CO_2-Konzentration in der Atmosphäre. Eine Trennung zwischen »natürlichem Gleichgewicht« und »aufgesetzter Störung« kennt das Modell nicht. Seine Ergebnisse stimmen gut mit den realen Gegebenheiten überein. Für das viele CO_2 in der Atmosphäre fordert das Modell die Existenz einer zusätzlichen Quelle. Der im Modell beschriebene Ansatz wird zur Diskussion gestellt.

Wenn tatsächlich eine andere CO_2-Quelle den überwiegenden Beitrag zum Anstieg des CO_2 in der Atmosphäre geliefert hat, dann gibt es *nur noch zwei Alternativen:*

1. Entweder ist CO_2 wirklich klimabestimmend. *Dann bestimmt überwiegend nicht anthropogen freigesetztes CO_2 unser Klima!* Eine Reduktion der anthropogenen Freisetzungen hat dann keinen nennenswerten Einfluss.

2. *Oder irgendetwas Anderes und nicht das CO_2 bestimmt das Klima.* Dann sind die anthropogenen CO_2-Freisetzungen erst recht nicht schuld an der Erwärmung!

Die Konsequenzen sind in beiden Fällen gravierend: *Der Mensch beeinflusst das Klima nicht!* Jedenfalls beeinflusst er es durch seine CO_2-Freisetzungen höchstens marginal, die müssen daher nicht drastisch reduziert werden! *Für den Klimanotstand entfällt die Berechtigung.* Das Gleiche gilt auch für den »Green Deal« der EU-Kommission, der 1000 Milliarden € oder sogar noch mehr kosten dürfte. Eine nochmalige Überprüfung scheint dringend geboten zu sein.

1 Einleitung und Problemstellung

In der Wissenschaft gibt es, so wird immer wieder gesagt, einen Konsens: CO_2 ist der wichtigste Klimatreiber, seine Konzentration in der Atmosphäre ist stark angestiegen und die wichtigste Ursache hierfür ist der Mensch mit seiner Verbrennung fossiler Energieträger. Wenn das so weiter geht, dann wird sich das Klima auf der Erde gravierend ändern, mit schmerzhaften Auswirkungen für die Menschen. Stellvertretend für eine Vielzahl entsprechender Aussagen seien die Sachstandsberichte des IPCC genannt, /1/ bis /5/.

Aber dieser Konsens ist nur vordergründig vorhanden. Real gibt es erhebliche Unsicherheiten, Zweifel und offene Fragen. Die betreffen die Zielsetzung, welches Klima wir überhaupt anstreben sollen, die Gegenrechnung positiver Auswirkungen erhöhter CO_2-Konzentrationen, das Ausmaß und die Geschwindigkeit der anthropogenen Klimaänderungen, den Einfluss anderer Verursacher, die Erfolgsaussichten der vorgeschlagenen Abhilfemaßnahmen und noch vieles anderes mehr. In /6/ wird das ausführlich dargelegt. Solange diese Fragen offen sind, ist ein »Klimanotstand« prinzipiell nicht gerechtfertigt.

Im Zentrum der Auseinandersetzung steht die Klimawirksamkeit des CO_2. Um wie viel wird es wärmer, wenn die CO_2-Konzentration steigt? Trotz aller wissenschaftlichen Fortschritte in den letzten Jahrzehnten mit Satellitenmessungen, Supercomputern und dergleichen sind die Unsicherheiten kaum kleiner geworden und eine Lösung der Streitfrage ist auch nicht in Sicht. In seinem neuesten Sachstandsbericht /5/ gibt IPCC die Klimasensitivität des CO_2, das ist die Erwärmung bei Verdoppelung der Konzentration, mit »1,5 bis 4,5 Grad« an. In diesem Intervall sind alle Werte gleichberechtigt, einen wahrscheinlichsten Wert kann IPCC »infolge der großen Unsicherheiten« gar nicht angeben. Ein Faktor drei als Unsicherheitsbereich und kein wahrscheinlichster Wert: Nüchtern betrachtet können wir nur extrem schlecht quantifizieren, welchen Einfluss das CO_2 auf das Klima überhaupt hat! Doch als Basis für äußerst weitreichende Forderungen soll das genügen!?

Aber wenn man noch genauer hinsieht, dann gibt es noch eine andere offene Frage, die für die Beurteilung des anthropogenen Anteils am Klimawandel möglicherweise sogar noch viel wichtiger ist: *Woher kommt das viele CO₂ in der Atmosphäre tatsächlich?* Dieser Frage wird im vorliegenden Buch detailliert nachgegangen.

IPCC meint, das viele CO_2 stamme vollständig aus den anthropogenen Freisetzungen. Aber das ist fast genau so stark umstritten, wie die Klimasensitivität des CO_2. Z.B. /7/ gibt an, dass nur ein kleiner Anteil des vielen CO_2 anthropogen ist und der überwiegende Anteil aus einer anderen Quelle stammen muss. Wenn das stimmt, dann sind Reduzierungen der anthropogenen CO_2-Freisetzungen weitgehend wirkungslos.

Die Meinung von /7/ ist zwar keine Einzelmeinung, aber doch klar in der Minderheit. *Wissenschaft ist jedoch keine demokratische Veranstaltung, bei der die Mehrheit entscheidet.* Die Mehrheit hat sich sogar schon oft geirrt. Letztlich entscheiden in der Wissenschaft immer nur die sachlichen Argumente. Und welche Argumente richtiger sind, das kann nur durch ergebnisoffene Diskussionen geklärt werden. Dieses Buch will einen Beitrag dazu leisten.

Noch eine kleine Ergänzung: Die Entwicklung der CO_2-Konzentration in der Atmosphäre hängt auf jeden Fall gravierend von zwei Faktoren ab: Von der Höhe der anthropogenen Freisetzungen *und* vom Anteil, der von diesen Freisetzungen in der Atmosphäre verbleibt (Einschub: Sie hängt möglicherweise auch noch von anderen Dingen ab, z.B., ob es noch weitere Quellen für CO_2 gibt; das wird später noch eine wichtige Rolle spielen). Die anthropogenen Freisetzungen können wir vielleicht steuern, den verbleibenden Anteil aber nicht. Der wird ausschließlich von der Physik bestimmt. Und wenn der verbleibende Anteil klein ist, dann kann das Steuern unserer CO_2-Freisetzungen das Klima gar nicht stark beeinflussen, selbst wenn wir beliebig gut steuern könnten!

Also ist der Anteil wichtig. Der wird in den Überlegungen hier ein wichtiger Punkt sein: Wie viel der anthropogenen Freisetzungen verbleibt tatsächlich in der Atmosphäre? Heißt die Antwort »viel«, ist die Frage nach der Klimasensitivität des CO_2 wichtig, heißt die Antwort »wenig«, kommt es darauf nicht oder zumindest nur sehr wenig an.

2 Begriffe

Der »*Kohlenstoffkreislauf*« beschreibt den Austausch von Kohlenstoff zwischen verschiedenen Speichern. Er kann in den »*kurzfristigen*« und in den »*langfristigen*« Kohlenstoffkreislauf unterteilt werden. Der »kurzfristige« Kohlenstoffkreislauf umfasst die drei Speicher Atmosphäre, Ozean und Biomasse. Zwischen diesen findet ein reger Austausch von CO_2-Molekülen statt (»*Umwälzung*«), wobei alle Prozesse »schnell« ablaufen, in Zeitbereichen bis hin zu etwa tausend Jahren. Zum »langfristigen« Kohlenstoffkreislauf gehören darüber hinaus auch langfristige Prozesse, wie die Sedimentation von Karbonatgesteinen im Meer, die Verwitterung von Gesteinen, Plattentektonik und Vulkanismus, etc. Diese Prozesse spielen sich in viel längeren Zeiträumen ab, bis hin zu Milliarden von Jahren. Sie werden hier nicht weiter betrachtet. Auch der in den fossilen Energieträgern Kohle, Öl und Gas gespeicherte Kohlenstoff gehört zum »langfristigen« Kohlenstoffkreislauf. Durch Verbrennungsprozesse dieser Energieträger wird Kohlenstoff aus dem langfristigen in den kurzfristigen Kohlenstoffkreislauf überführt.

Ein System, wie der Kohlenstoffkreislauf der Erde, ist »*im Gleichgewicht*«, wenn das Kohlenstoffinventar in den betroffenen Speichern gleich bleibt. Dabei kann Austausch zwischen den Speichern erfolgen, er muss nur ausgeglichen sein. Ein besonderes Gleichgewicht ist das »*Fließgleichgewicht*«, bei dem in einem Speicher durch Gleichheit von Zu- und Ausfluss das Inventar gleich bleibt, wobei das System insgesamt nicht im Gleichgewicht sein muss.

Der Begriff »*Störung*« wird in zwei Bedeutungen verwendet: Er bezeichnet einerseits einen *Effekt*, der ein System aus dem Gleichgewicht bringt, er kann andererseits aber auch das *Ausmaß* der Abweichung vom Gleichgewicht angeben. Je nachdem, ob man das Ausmaß der Abweichung auf das alte Gleichgewicht vor Aufbringen der Störung bezieht, oder auf das neue Gleichgewicht, das sich nach Beendigung der Störung einstellt, erhält man unterschiedliche Werte für die Störung.

Eine »Störung« ist »*reversibel*«, wenn sich nach ihrer Beendigung das alte Gleichgewicht wieder einstellt, und sie ist »*irreversibel*«, wenn sich nach ihrer Beendigung ein neues Gleichgewicht einstellt (oder keines). »Reversibel« kann eine Störung nur dann sein, wenn durch sie die Gesamt-Kohlenstoffmenge im System nicht verändert wird (und dann ist sie meist auch reversibel). Wird die Gesamt-Kohlenstoffmenge jedoch geändert, dann ist die Störung auf jeden Fall »irreversibel«.

Die »*Verweilzeit*« (»residence time« oder »turn over time«) ist die Zeit, die CO_2-Moleküle *im Mittel in der Atmosphäre verbleiben*. Mathematisch definiert ist sie als das Inventar [Menge] in der Atmosphäre, dividiert durch die Entnahmerate [Menge pro Zeiteinheit] aus der Atmosphäre.

Die »*Zeitkonstante*« (»e-folding-time«) beschreibt generell, *wie schnell ein bestimmter Prozess abläuft*, z. B. die Entnahme von CO_2-Molekülen aus der Atmosphäre. Angegeben wird grundsätzlich die Zeit, in der der Prozess auf den Wert 1/e abgelaufen ist (mit e = Eulersche Zahl ≈ 2,7, 1/e ist dann ≈ 0,37 = 37 %). Mathematisch erhält man die Zeitkonstante durch Ableitung der Gleichung für die Prozessgröße (z. B. CO_2-Inventar in der Atmosphäre) nach der Zeit. Bei exponentiell verlaufenden Prozessen ist diese »Zeitkonstante« tatsächlich eine Konstante und sie ist um den Faktor 1/ln(2) länger als die »Halbwertszeit«, das ist die Zeit, in der der Prozess zur Hälfte abgelaufen ist (mit ln(2) = natürlicher Logarithmus von 2 ≈ 0,69). Sofern das ausfließende Inventar und die Ausflussrate bekannt sind, lässt sich die Zeitkonstante einfach als Quotient aus diesen beiden Größen berechnen.

Hinweis: Ein Prozess verläuft immer dann *exponentiell*, wenn die Geschwindigkeit des Ablaufes proportional zur Antriebskraft für den Ablauf ist. Ein Beispiel dafür ist der Ausfluss von Wasser durch eine dünne Ausflussleitung aus einem Behälter (dünn, damit laminare Strömung herrscht): Füllstand und Ausfluss sind proportional zueinander.

Die »*Störungszeit*« (»adjustment time«) beschreibt nach /5/, *wie schnell die CO_2-Konzentration in der Atmosphäre nach Beendigung einer Störung wieder zurückgeht*. Jedenfalls soll sie das beschreiben. Mathematisch ist sie der

Quotient aus dem Überschussinventar (Überschuss gegenüber dem neuen Gleichgewicht) und der Abbaurate des Inventars. Aber die Definition wird nicht einheitlich verwendet und der Begriff führt vielfach zu Missverständnissen. In Ziff. 5.16 wird die Problematik näher erläutert.

Ein »*Modell*« schließlich ist ein mathematisches Abbild der Natur, das manche Eigenschaften und Zusammenhänge besser transparent machen soll. Es ist immer nur eine *Annäherung an die Wirklichkeit* mit mehr oder weniger großen Abweichungen. »Fehler in einem Modell« können Fehler innerhalb des Modells sein, z. B. Rechenfehler oder logische Fehler, die Fehler können aber auch darin liegen, dass das Modell im relevanten Bereich so weit von der Wirklichkeit abweicht, dass aus dem Modell falsche Rückschlüsse auf die Wirklichkeit gezogen werden.

3 Ausgangslage

IPCC berechnet die zukünftige Entwicklung der CO_2-Konzentration der Atmosphäre mit Modellen für den Kohlenstoffkreislauf der Erde. Dabei geht IPCC insbesondere von folgenden Beobachtungen bzw. Annahmen aus:

1. Die Natur war vor dem Eingriff durch den Menschen, IPCC nimmt dafür immer das Jahr 1750, im Gleichgewicht. Die Konzentration in der Atmosphäre betrug ca. 280 ppm und jährlich wurde etwa ein Viertel des CO_2-Inventars der Atmosphäre zwischen dieser und den Speichern Ozean und Biomasse umgewälzt.

2. Ohne menschliche Eingriffe würde dieses Gleichgewicht heute noch unverändert weiter bestehen.

3. Die anthropogenen CO_2-Freisetzungen sind diesem Gleichgewicht als Störung oben draufgesetzt und, weil sich sonst nichts geändert hat, sind sie die alleinige Ursache aller Änderungen gegenüber dem Gleichgewichtszustand.

4. Die anthropogenen CO_2-Freisetzungen betragen heute ca. 4 ppm pro Jahr.

5. Die CO_2-Konzentration in der Atmosphäre liegt heute bei ca. 410 ppm und sie wächst jährlich um ca. 2 ppm.

4 Von IPCC abgeleitete Konsequenzen

Aus diesen Annahmen leitet IPCC insbesondere die nachfolgend angegebenen Konsequenzen ab. Die Diskussion darüber erfolgt in den Ziff. 5 bis 7:

1. *Es gibt zwei Zeitkonstanten:*

   Nach Meinung von IPCC wird das CO_2 in der Atmosphäre in Abhängigkeit von seiner Herkunft mit unterschiedlichen Geschwindigkeiten wieder aus der Atmosphäre entnommen (bitte den nachfolgenden Hinweis beachten!): Die natürlich freigesetzten CO_2-Moleküle werden sehr schnell wieder ausgeschieden. Die Zeitkonstante hierfür wird durch die hohe natürliche Umwälzung bestimmt. Sie beträgt nur wenige Jahre. Die anthropogen freigesetzten CO_2-Moleküle verbleiben demgegenüber sehr viel länger in der Atmosphäre, Jahrhunderte oder noch länger. Ihre Entnahme erfolgt *unabhängig von der natürlichen Umwälzung.* Die Zeitkonstante für diese Entnahme *ergibt sich aus der Höhe der anthropogenen Freisetzungen und aus dem beobachteten Anstieg der CO_2-Konzentration.*

   Hinweis: Genau genommen verbleiben nach IPCC die anthropogen freigesetzten CO_2-Moleküle nicht als individuelle Moleküle so lange in der Atmosphäre, sondern es verbleibt nur *eine entsprechende Anzahl* von CO_2-Molekülen. Die individuellen Moleküle selbst werden durch die Umwälzung rasch ausgetauscht und durch andere Moleküle ersetzt. Die unterschiedlichen Zeitkonstanten gelten daher nicht für Moleküle als solche, sondern für die entsprechenden Mengen an CO_2-Molekülen. Die eine Zeitkonstante gibt an, wie lange die CO_2-Moleküle (im Schnitt) in der Atmosphäre verbleiben, die andere, wie schnell eine erhöhte CO_2-Konzentration wieder abgebaut wird.

   Ergänzung: In einer verfeinerten Version seiner Modelle (»Bern Carbon Cycle Model«) teilt IPCC die anthropogen freigesetzten CO_2-Moleküle nochmals in Gruppen ein, für die jeweils unterschiedliche Zeitkonstanten gelten, von etwa einem Jahr bis zu unendlich. Die hier gemachten Ausführungen zu zwei Zeitkonstanten gelten sinngemäß auch für die zusätzlichen Zeitkonstanten gemäß Bern Carbon Cycle Model. Wenn die hier gemachten Ausführungen stimmen, *dann kann auch das Bern Carbon Cycle Model nicht richtig sein!* Weil es beim Bern Carbon Cycle Model aber auch noch andere Probleme gibt, wird ihm in Ziff. 7 ein eigenes Kapitel gewidmet, in dem dann auf diese anderen Probleme näher eingegangen wird.

2. *Das viele CO_2 in der Atmosphäre ist anthropogen:*

Weil die anthropogenen Freisetzungen nach Meinung von IPCC die einzige Störung sind, sind sie voll für den beobachteten Anstieg der atmosphärischen CO_2-Konzentration seit 1750 verantwortlich. Andere Ursachen sind nicht existent, zumindest aber vernachlässigbar. Damit die anthropogenen Freisetzungen den genannten Anstieg aber überhaupt bewirkt haben können, müssen sie ausreichend lange in der Atmosphäre verbleiben. Für ihre Entnahme aus der Atmosphäre *muss daher eine lange Zeitkonstante gelten* (das gilt wieder nicht für die individuellen Moleküle, sondern nur für eine entsprechende Menge an Molekülen).

3. *Die Hälfte verbleibt in der Atmosphäre:*

Aus der beobachteten Konzentrationszunahme von 2 ppm/a und den anthropogenen Freisetzungen von 4 ppm/a schließt IPCC, dass die Hälfte der anthropogenen Freisetzungen in der Atmosphäre verbleibt und die andere Hälfte wieder ausgeschieden wird. Der verbleibende Anteil wird als »*airborne fraction*« bezeichnet.

Anmerkung: 50 % Verbleib ist ein gerundeter Wert. Manchmal wird als genauerer Wert 43 % angegeben. Manchmal auch ein leicht anderer Wert. In dieser Arbeit hier wird grundsätzlich der gerundete Wert »50 %« verwendet. Und nochmals der Hinweis auf das Bern Carbon Cycle Model: In dem Modell verbleiben nur ca. 20 % der anthropogen freigesetzten Moleküle dauerhaft in der Atmosphäre. Aber wenn die Zurückweisung der 50 % richtig ist, dann gilt das auch für die 20 %! Das gilt unabhängig von den anderen Problemen im Bern Carbon Cycle Model, die in Ziff. 7 besprochen werden.

4. Reduktion auf null erforderlich:

Weil der Anstieg der atmosphärischen CO_2-Konzentration proportional zu den anthropogenen Freisetzungen weitergeht (feste, möglicherweise sogar mit der Zeit größer werdende airborne fraction), fordert IPCC, die anthropogenen Freisetzungen vollständig einzustellen, um eine anderenfalls drohende Klimakatastrophe abzuwenden!

Anmerkung: Diese 4 Punkte sowie die in der vorigen Ziffer aufgeführten 5 Punkte sind natürlich nur eine subjektive Auswahl der vermeintlich besonders wichtigen Grundlagen bzw. Schlussfolgerungen von IPCC. Sie versuchen aber zusammenzufassen, wie der Autor die IPCC-Berichte /1/ bis /5/ und viele andere wissenschaftliche Literatur hierzu interpretiert. Missverständnisse können nicht ausgeschlossen werden, es ist aber eher unwahrscheinlich, dass sie die in diesem Buch gezogenen Schlussfolgerungen infrage stellen.

5 Diskussion

Die Interpretation der Ausgangslage durch IPCC (Ziff. 3) und die von IPCC hieraus abgeleiteten Konsequenzen (Ziff. 4) werden in der wissenschaftlichen Literatur zum Teil äußerst kontrovers diskutiert. Gestritten wird sowohl über Grundsätzliches als auch über zahlreiche Einzelpunkte. Einige für eine Gesamtbeurteilung besonders wichtige Punkte werden nachfolgend erörtert und bewertet. Eine zentrale Rolle wird dabei immer wieder die Frage spielen, ob die Zunahme der CO_2-Konzentration in der Atmosphäre um fast 50 % vollständig den anthropogenen Freisetzungen geschuldet sein kann, oder ob eine andere Ursache erheblich dazu beigetragen haben muss. Angestrebt wird jeweils eine in sich geschlossene und möglichst nachvollziehbare Argumentation. Durch Überschneidungen der Punkte lassen sich dabei manche Wiederholungen einzelner Sachverhalte oder Aussagen leider nicht vermeiden.

5.1 Unverändertes Gleichgewicht?

Um das Jahr 1000 herum war das Klima ähnlich warm, wie es heute ist (»*Mittelalterliches Klimaoptimum*«). Dann kam die »*Kleine Eiszeit*« mit einer deutlichen Abkühlung. Ihren Höhepunkt (eigentlich Tiefpunkt) hatte die Kleine Eiszeit ca. 1650, ihr Ende fand sie ca. 1850. Auch wenn die für das Jahr 1750 rekonstruierte CO_2-Konzentration von 280 ppm weitgehend unumstritten ist, dass damals ein Gleichgewichtszustand vorgelegen haben soll, das ist keinesfalls gesichert.

Und dieses ungesicherte Gleichgewicht soll bis heute unverändert angehalten haben, wenn man von den Eingriffen der Menschen einmal absieht!? Das ist schon an sich ein gewisser Widerspruch zum Ende der Kleinen Eiszeit 1850: *Ohne Änderung kann kein Ende eingetreten sein!* Außerdem hat es in der gesamten Erdgeschichte höchstwahrscheinlich *noch nie einen 270 Jahre langen Zeitraum mit konstantem Klima* gegeben. Doch jetzt soll es so gewesen sein, wenn wir Menschen nicht eingegriffen hätten? Möglich, aber nicht unbedingt überzeugend!

Noch ein Argument: Wenn das Gleichgewicht wirklich unverändert weiter bestünde, wenn also alles andere beim Alten geblieben wäre und nur die anthropogenen Freisetzungen dazu gekommen wären, dann müssten die anthropogenen Freisetzungen sich *vollständig in der Atmosphäre angesammelt haben*. Dann hätte die atmosphärische Konzentration nicht um etwa 50 % zunehmen dürfen, sondern sie hätte sich fast verdoppeln müssen, denn so viel haben wir freigesetzt. Da das aber eindeutig nicht der Fall ist, muss sich neben dem hinzugekommenen anthropogenen Zufluss zur Atmosphäre auch sonst noch irgendetwas geändert haben! *So ganz konstant kann das Gleichgewicht daher auf keinen Fall geblieben sein.* Ob diese Änderung eine Folge der anthropogenen Freisetzungen ist, oder ob sie auf eine andere Ursache zurückzuführen ist, kann so nicht ausgesagt werden.

5.2 Anthropogene Freisetzungen

Die anthropogenen CO_2-Freisetzungen stammen im Wesentlichen aus der Verbrennung fossiler Energieträger, kleinere Beiträge kommen aus der Zementproduktion und aus der veränderten Landnutzung durch den Menschen. Die anthropogenen Freisetzungen betragen derzeit ca. 4 ppm/a. Das sind nur ca. 5 % der natürlichen Umwälzung. Dieses Größenverhältnis ist praktisch unumstritten, auch wenn die Größe der natürlichen Umwälzung selbst nur ziemlich ungenau bekannt ist (IPCC gibt die Fehlerbreite der einzelnen Flussgrößen mit »mehr als ± 20 %« an; diese Unsicherheit wird noch wichtig sein).

5.3 CO$_2$ in der Atmosphäre

Im Ozean und in der Biomasse wird CO_2 zu einem erheblichen Teil nicht als CO_2 gespeichert, sondern unterliegt chemischen Umwandlungen, die von verschiedenen Einflussgrößen abhängig sein können (mehr dazu in

Ziff. 5.15). In der Atmosphäre ist CO_2 jedoch ein inertes Gas, es wird also nicht chemisch umgewandelt. In ihr gilt daher die Massenbilanz für CO_2: *In der Atmosphäre verschwindet kein CO_2 und es kommt in ihr auch kein neues CO_2 hinzu* (minimale Ausnahmen: $^{14}CO_2$, siehe Ziff. 5.12, sowie chemische Reaktionen mit etwa Rus und Methan, die infolge der geringen Umsätze hier nicht weiter behandelt werden). Das Inventar in der Atmosphäre (Menge bzw. Konzentration von CO_2) verändert sich daher *immer nur* entsprechend der (momentanen!) Differenz zwischen der Summe aller Zuflüsse zur Atmosphäre und der Summe aller Ausflüsse aus ihr. Außerdem, und das ist besonders wichtig, ist die Atmosphäre infolge von Wind und Wetter *immer gut durchmischt.*

Aus diesen Besonderheiten der Atmosphäre ergeben sich unmittelbar *vier ganz wesentliche Konsequenzen.* Die werden hier kurz beschrieben, Einzelheiten werden später noch näher erläutert und diskutiert:

1. In der Atmosphäre herrscht *überall die gleiche CO_2-Konzentration.* Das stimmt nicht wirklich exakt, kleinräumig und kurzfristig gibt es sogar erhebliche Unterschiede, aber im Großen und Ganzen stimmt es sehr wohl sehr gut.

2. Alle Zuflüsse zur Atmosphäre werden in dieser *vollständig durchmischt.* Das CO_2 in der Atmosphäre hat daher nicht nur überall die gleiche Konzentration, sondern *es hat auch überall die gleiche Zusammensetzung* in Bezug auf die Zuflüsse (mit den Einschränkungen wie in Nr. 1)! Natürlich hat es dann zwangsweise auch in allen Ausflüssen aus der Atmosphäre die gleiche Zusammensetzung. *Man kann bei keinem CO_2-Molekül in der Atmosphäre und bei keinem CO_2-Molekül in irgendeinem Ausfluss aus der Atmosphäre sagen, aus welcher Quelle dieses Molekül in die Atmosphäre hinein gekommen ist!* Die Zusammensetzung der CO_2-Moleküle in der Atmosphäre (und in allen Ausflüssen aus ihr) *entspricht stets dem Verhältnis der Stärke der Quellen.* Ändert eine *Quelle* ihre Stärke, ändert sich die Zusammensetzung in der Atmosphäre *proportional hierzu!* Ändert eine *Senke* ihre Stärke, ändert sich die Zusammensetzung in der Atmosphäre *nicht!* In Ziff. 5.4 wird das noch näher gezeigt.

Ergänzung: Wie sich bei einer Änderung einer Quelle oder einer Senke die *CO_2-Konzentration* in der Atmosphäre verändert, *hängt nur vom Zusammenspiel der Summe aller Quellen zur Summe aller Senken ab:* Überwiegen die Quellen, wächst die Konzentration, überwiegen die Senken, nimmt sie ab!

Man kann das Durchflussverhalten von CO_2 durch die Atmosphäre auch so beschreiben: Alle Zuflüsse zur Atmosphäre *enden in der Atmosphäre* und für die Ausflüsse aus ihr gibt es einen *Neustart,* der aus einem gemeinsamen, homogenen Reservoir erfolgt! Es gibt nicht einen »Kreisfluss« der natürlich freigesetzten CO_2-Moleküle durch die Atmosphäre hindurch und getrennt davon einen »Senkenfluss« der anthropogen freigesetzten CO_2-Moleküle (oder eines Teiles von ihnen) durch die Atmosphäre hindurch. In der Atmosphäre werden vielmehr alle Flüsse durcheinandergemischt und es gibt dann *keine Zuordnung mehr zu einer bestimmten Quelle!*

Wichtig ist nur, wie viele CO_2-Moleküle in die Atmosphäre hinein kommen und wie viele sie wieder verlassen. *Nur das beeinflusst die Konzentration.* Und weg ist weg, was anschließend mit den herausgeflossenen Molekülen geschieht, ist für die Atmosphäre belanglos. Auch ob ein Teil des der Atmosphäre zufließenden CO_2 vorher schon einmal in der Atmosphäre war und nach mehr oder weniger langer Zwischenspeicherung (bis zu über tausend Jahren!) in Ozean oder Biomasse als »Kreislauf« wieder zurück in die Atmosphäre kommt, oder ob alles zufließende CO_2 »neues« CO_2 ist, ist für die Atmosphäre völlig belanglos. Sie kann zwischen den einzelnen CO_2-Sorten nicht unterscheiden!

3. Für die Entnahme von CO_2 aus der Atmosphäre gibt es nur *eine* Zeitkonstante: Weil alle CO_2-Moleküle gleich sind, weil die CO_2-Konzentration überall in der Atmosphäre gleich ist und weil in alle Senken das gleiche CO_2 (gleich zusammengesetztes CO_2) ausfließt, *muss die Zeitkonstante für die Entnahme für alle CO_2-Moleküle die gleiche sein!*

Zur Klarstellung: Die Senken für das CO_2 in der Atmosphäre kann man beliebig unterteilen. So kann man etwa die Ozeane als eine Einheit betrachten oder man kann sie z. B. geografisch untergliedern, oder bei der Biomasse kann man einjährige und mehrjährige Pflanzen getrennt betrachten, usw., usw. Alle diese Senken arbeiten grundsätzlich unterschiedlich schnell und jede entnimmt CO_2 daher nach ihrer eigenen, für diese Senke spezifischen Zeitkonstanten τ_i. Aber für die Atmosphäre insgesamt arbeiten alle diese Senken parallel und zusammen. *Für die Entnahme aus der Atmosphäre insgesamt gibt es daher nur eine Zeitkonstante!* Nennen wir sie τ. Diese ist für alle CO_2-Moleküle die gleiche und sie lässt sich aus den für die einzelnen Senken geltende Zeitkonstanten τ_i nach folgender Formel berechnen:

$$1/\tau = \Sigma\ 1/\tau_i \tag{1}$$

Betrachten wir zur Veranschaulichung einen Wasserbehälter: Der hat in seinem Boden i Löcher. Aus jedem rinnt Wasser mit einer speziellen Zeitkonstanten τ_i aus. Diese wird von der Größe des Loches bestimmt. Man kann aber auch für den Wasserausfluss aus dem Behälter insgesamt eine »Gesamt-Zeitkonstante« angeben. Berechnen lässt die sich nach Formel (1). Die Entnahme von CO_2 aus der Atmosphäre durch verschiedene Senken erfolgt gleich wie der Ausfluss von Wasser aus dem Behälter durch die verschiedenen Löcher.

Ergänzung: Der Wasserausfluss aus dem Behälter hängt nur vom (momentanen) Wasserstand und von der Größe der Ausflusslöcher ab. Ob und wie viel Wasser gleichzeitig in den Behälter nachfließt, hat auf den (momentanen) Ausfluss keinen Einfluss!

4. Verändern sich die Zuflüsse (Quellstärken) von CO_2 zur Atmosphäre, dann verändert sich das CO_2-Inventar (bzw. die Konzentration) in ihr *proportional* hierzu (Fließgleichgewicht! Siehe aber auch die nachfolgende Ergänzung). Nimmt beispielsweise die Summe aller Zuflüsse um 5 %

zu, dann muss auch die CO_2-Konzentration in der Atmosphäre um 5 % zunehmen! Als Folge davon muss auch die Summe aller Ausflüsse aus der Atmosphäre ebenfalls um 5 % zunehmen. Diese Zunahmen *um jeweils den gleichen Prozentsatz* (im Beispiel hier 5 %) gelten unabhängig davon, woher (aus welchem Reservoir) die zusätzliche Einspeisung kommt!

Ergänzung: Ein Abweichen von dieser Regel »Änderung jeweils um den gleichen Prozentsatz« bedeutet »*nicht-lineares Verhalten*«. Ein solches ergibt sich z. B. dann, wenn die relativen Stärken der Senken sich als Folge der erhöhten CO_2-Konzentration in der Atmosphäre verändern. Das wird in den Ziff. 5.14 und 5.15 nochmals aufgegriffen werden.

5.4 Gefärbte Moleküle

Nach Ziff. 5.3, Nr. 2, ist die Zusammensetzung der CO_2-Moleküle überall in der Atmosphäre gleich. Ursache hierfür ist die gute Durchmischung in der Atmosphäre. Stellen wir uns einmal vor, wir könnten CO_2-Moleküle unterschiedlich einfärben. Nicht so stark, dass sie dadurch andere Eigenschaften hätten, aber doch stark genug, um sie sehen und auch voneinander unterscheiden zu können. Es soll nun jeder CO_2-Zufluss zur Atmosphäre seine eigene Farbe haben. In einer gut durchmischten Atmosphäre stellt sich dann eine einheitliche Mischfarbe ein. Verändern sich die Stärken der Zuflüsse, ändert sich die Mischfarbe, sie ist aber *wieder überall gleich!* Die Ausflüsse aus der Atmosphäre können nicht auswählen, welche Farbe sie entnehmen wollen, sie entnehmen zwangsweise alle die gleiche Mischfarbe. Die Ausflüsse haben daher auch *keinen Einfluss* darauf, welche Mischfarbe sich einstellt, weder durch ihre Anzahl noch durch ihre Stärke!

Umgekehrt aber kann man *aus der Mischfarbe exakt die relative Stärke der Zuflüsse ermitteln*. Nehmen wir einmal an, dass wir in der Mischfarbe zunächst keine roten Moleküle finden. Dann gibt es auch keine Quelle mit roten Molekülen. Nach einiger Zeit stellen wir dann aber überraschend fest, dass jetzt z. B. 30 % der Moleküle rot sind. Dann muss es jetzt eine Quelle mit roten Molekülen geben und die muss auch 30 % der Gesamteinspeisung ausmachen! Wenn wir nur eine viel schwächere Quelle roter Moleküle kennen, dann sagt uns der Befund »30 %« unmissverständlich, dass es noch eine weitere, bisher unbekannte Quelle mit roten Molekülen *geben muss!*

Konsequenz: Wenn die anthropogenen Freisetzungen nur 5 % der natürlichen Freisetzungen ausmachen, dann können auch nur 5 % des in der Atmosphäre vorhandenen CO_2 anthropogen sein, 95 % müssen aus einer natürlichen Quelle stammen, aus welcher auch immer. Das wird uns noch des Öfteren beschäftigen.

Ergänzung: Anstelle einer zusätzlichen Quelle kann es natürlich auch eine reduzierte Senke geben. Die CO_2-Konzentration wird, wie gesagt, von der Differenz der Summe aller Zuflüsse (Quellen) und der Summe aller Ausflüsse (Senken) bestimmt.

Zur Klarstellung: Die CO_2-Konzentration in der Atmosphäre hat seit 1750 von ca. 280 auf heute ca. 410 ppm zugenommen. Diese Zunahme um 130 ppm entspricht rund 50 %, wenn man sie auf das alte Inventar (280 ppm) bezieht und rund 30 %, wenn man sie auf das neue Inventar (410 ppm) bezieht.

5.5 Zwei Zeitkonstanten bei gleichen Molekülen?

IPCC unterscheidet zwischen natürlich freigesetzten und anthropogen freigesetzten CO_2-Molekülen: Die natürlich freigesetzten sorgen für die Aufrechterhaltung des natürlichen Gleichgewichtes. Sie unterliegen der hohen natürlichen Umwälzung und werden daher rasch wieder aus der Atmosphäre ausgeschieden. Für ihre Entnahme gilt dementsprechend eine kurze Zeitkonstante von nur wenigen Jahren.

Die anthropogen freigesetzten CO_2-Moleküle sorgen demgegenüber für die starke Ansammlung von CO_2 in der Atmosphäre. Als individuelle Moleküle unterliegen sie zwar auch der hohen natürlichen Umwälzung, aber durch diese werden sie *nur ausgetauscht*, ohne *Änderung der Gesamtzahl der CO_2-Moleküle in der Atmosphäre!* Diese Gesamtzahl nimmt, wenn überhaupt, höchstens sehr langsam ab und das dann aus ganz anderen Gründen! Für die Entnahmen von anthropogen freigesetzten CO_2-Molekülen gilt daher eine *lange Zeitkonstante* von mehreren Jahrhunderten oder noch länger. Jedenfalls sagt das IPCC.

Man kann diesen Sachverhalt auch so ausdrücken: Wenn x natürliche CO_2-Moleküle in die Atmosphäre eingebracht werden, dann verlassen auch x CO_2-Moleküle wieder sehr rasch die Atmosphäre. Die Zahl der CO_2-Moleküle in der Atmosphäre bleibt dadurch konstant. Wenn aber y anthropogene CO_2-Moleküle in die Atmosphäre eingebracht werden, dann verlassen nur weniger als y CO_2-Moleküle (konkret nur die Hälfte) wieder sehr rasch die Atmosphäre und der Rest verbleibt dort. Die Zahl der CO_2-Moleküle in der Atmosphäre ändert sich dadurch erheblich!

Wichtig ist noch, dass dieses unterschiedliche Verhalten von CO_2-Molekülen nach Meinung von IPCC tatsächlich herkunftsabhängig ist und nicht etwa mengenabhängig. IPCC sagt zwar selbst, dass die natürliche Umwälzung nur ungenau bekannt ist, mit einer Unschärfe von »mehr als ± 20 %«, aber das beschriebene unterschiedliche Verhalten der Moleküle ist angeblich davon unabhängig. Eine solche »herkunftsabhängige Aufgabenteilung« verstößt jedoch prinzipiell gegen den Grundsatz der Gleichbehandlung gleicher Moleküle und ist nicht verträglich mit den Ausführungen in Ziff. 5.3: Infolge der guten Durchmischung der Atmosphäre können die aus ihr heraus fließenden CO_2-Moleküle nicht bestimmten Zuflüssen zugeordnet werden! Alle CO_2-Moleküle sind vielmehr *ununterscheidbar gleich* und bei der Entnahme muss für alle CO_2-Moleküle *die gleiche Zeitkonstante* gelten! Diese wird von der *Summe aller Ausflüsse* (und vom Inventar) bestimmt.

IPCC meint, dass die Ergebnisse seiner Kohlenstoffkreislaufmodelle die Existenz unterschiedlicher Zeitkonstanten beweisen würden. Diese Modelle gehen aber von Vorgaben aus, die unterschiedliche Zeitkonstanten zwangsweise zur Folge haben: Bei einer hohen Umwälzung und relativ niedriger anthropogener Freisetzung kann sich nur dann viel anthropogenes CO_2 in der Atmosphäre ansammeln, wenn für die Entnahme von diesem CO_2 (jedenfalls für die Entnahme von entsprechend vielen CO_2-Molekülen) eine lange

Zeitkonstante gilt. Die Modelle rechnen dann nur aus, was ihnen vorgegeben wurde. Es ist ein *prinzipiell unzulässiger Kreisschluss*, mit den Ergebnissen von Modellen die Richtigkeit ihrer Vorgaben beweisen zu wollen!

Die Berechtigung von Modellen und die Richtigkeit ihrer Ergebnisse kann man nur überprüfen, indem man die Ergebnisse der Modelle mit Beobachtungen oder mit physikalisch begründeten Erwartungen vergleicht. Und da zeigt sich, dass die Ergebnisse der Modelle von IPCC schlecht passen und mit den physikalischen Grundlagen nur schwer vereinbar sind! Das wird im weiteren Verlauf noch detailliert gezeigt.

In der Realität müssen gleiche Moleküle sich auch gleich verhalten. Für ihre Entnahme aus der Atmosphäre kann es daher nur eine einheitliche Zeitkonstante geben! Mehrere Zeitkonstanten erhält man nur durch Fehlinterpretation oder durch Modellannahmen, die den realen physikalischen Verhältnissen in der Atmosphäre nicht entsprechen:

Unterschiedliche Zeitkonstanten gibt es real z. B. bei den Senken für CO_2: Diese entnehmen der Atmosphäre CO_2-Moleküle unterschiedlich schnell, *also mit jeweils unterschiedlichen Zeitkonstanten*. Aber diese Zeitkonstanten *gelten für die Senken und nicht für die Atmosphäre!* Alle Senken greifen parallel auf die Atmosphäre zu. Für die Entnahme von CO_2 aus der Atmosphäre gibt es daher *nur eine Zeitkonstante!* Diese ist für alle Moleküle die gleiche und sie kann nach Formel (1) berechnet werden. Die unterschiedlichen Zeitkonstanten der Atmosphäre zuzuordnen, ist eindeutig eine *Fehlzuordnung*. In Ziff. 7 wird das nochmals eine Rolle spielen.

Unterschiedliche Zeitkonstanten könnte es auch geben, wenn es für die natürlich und die anthropogen freigesetzten CO_2-Moleküle unterschiedliche Wege von der jeweiligen Quelle durch die Atmosphäre hindurch hin zur jeweiligen Senke gäbe. Der eine Weg könnte dann eben länger dauern als der andere. Infolge der guten Durchmischung gibt es aber keine unterschiedlichen Wege für unterschiedliche Molekülgruppen. *In der Atmosphäre verlieren sich alle Wege.* Das ist das Wesen der Durchmischung!

Mehrere Zeitkonstanten erhält man schließlich auch, wenn man sie per Vorgabe fest einbaut. Wenn man z. B. die Umwälzung ausgewogen festhält, dann ergibt das eine Zeitkonstante, und wenn man zusätzlich die beobachtete Konzentrationszunahme fest den anthropogenen Freisetzungen zuordnet, dann ergibt das eine zweite Zeitkonstante. Das folgt zwingend aus den gewählten Vorgaben. Nur beschreiben diese beiden Zeitkonstanten erstens unterschiedliche Dinge, das wird im weiteren Verlauf noch näher erläutert (insbesondere Ziff. 5.16 und 6.4), und zweitens ist die Umwälzung real gerade nicht konstant, sondern sie verändert sich mit der Konzentration, das wird in Ziff. 5.13 näher begründet. Diese beiden Sachverhalte werden von IPCC offensichtlich nicht ausreichend beachtet.

IPCC bleibt die Antwort schuldig nach einem physikalischen Prozess, bei dem gleiche Moleküle unterschiedliche Zeitkonstanten haben. Auch in der gesamten übrigen durchgesehenen Literatur konnte der Autor nirgends einen solchen Prozess beschrieben finden. Wahrscheinlich gibt es keinen. Das Problem der unterschiedlichen Zeitkonstanten wird uns noch öfters beschäftigten.

5.6   Ein Modell mit Münzen zum Beweis

IPCC geht, wie gesagt, von der Existenz unterschiedlicher Zeitkonstanten für die Entnahme von CO_2-Molekülen aus der Atmosphäre aus. Beobachtungen würden unmissverständlich beweisen, dass die Hälfte der anthropogenen Freisetzungen längerfristig in der Atmosphäre verbleibt und somit für diese Freisetzungen eine lange Zeitkonstante gilt. Aber dieser Beweis trägt nicht: In Ziff. 5.10 wird detailliert gezeigt, dass die beobachtete Zunahme der Konzentration um 2 ppm/a durch beliebig viel Kombinationen von Freisetzung und Entnahme erklärt werden kann und daher gerade keine gesicherten Aussagen über den langfristigen Verbleib und die Zeitkonstante zulässt.

Wenn Beobachtungen den Beweis nicht erbringen können, dann sind Modelle gefragt. Nicht die »üblichen« Kohlenstoffkreislaufmodelle des IPCC, denn die können diesbezüglich ja nur einen Kreisschluss liefern (Ziff. 5.5), andere Modelle werden benötigt. Solche werden auch immer wieder vorgebracht. Sie sollen beweisen oder es zumindest plausibel machen, dass ein langfristiger Verbleib von 50 % der anthropogen freigesetzten CO_2-Moleküle in der Atmosphäre auch bei Gleichbehandlung aller Moleküle und hoher natürlicher Umwälzung möglich ist.

Aber diese Modelle machen es nicht besser. Statt mit CO_2-Molekülen arbeiten sie mit Münzen in einer Registrierkasse, mit Geldbeträgen auf einem Konto, mit irgendwelchen Verkaufsgegenständen in einem Laden, oder mit ähnlichen Dingen. Das Vorgehen ist dabei grundsätzlich immer das gleiche und die Fehler in der Beweisführung sind es auch. Das sei an dem in /8/ vorgestellten Münzen-Modell beispielhaft demonstriert. Für alle ähnlichen Modelle gilt die Widerlegung analog:

Vereinfacht sagt das Modell: Wenn ein Geschäftsmann 1000 € in 1€-Münzen in der Registrierkasse hat (das entspricht dem CO_2-Inventar in der Atmosphäre), jeden Tag für irgendwelche Geschäfte 200 € in 1€-Münzen ausgibt und 192 € in 1€-Münzen einnimmt (das entspricht der hohen natürlichen Umwälzung von CO_2, ist in diesem Fall aber nicht ausgeglichen) und zusätzlich jeden Tag 16 € in 1€-Münzen aus dem eigenen Vermögen zuschießt (das entspricht der anthropogenen Freisetzung), dann erhöht sich die Menge der 1€-Münzen in der Registrierkasse trotz des hohen Umsatzes von rund einem Fünftel des Kapitals pro Tag und trotzt der Gleichbehandlung aller 1€-Münzen laufend um 50 % des Zuschusses. Das stimmt natürlich und dieser Zuwachs erfordert keine Ungleichbehandlung der 1€-Münzen und er ist ebenso eindeutig unabhängig von der Höhe des Umsatzes, solange nur die Differenz zwischen Ausgaben und Einnahmen die vorgegebenen 8 € pro Tag beträgt. Daran ist nichts zu rütteln. Die Frage ist nur, was das wirklich für das CO_2 in der Atmosphäre aussagt.

Überfrachtet wird die Diskussion manchmal noch mit Münzprägungen aus verschiedenen Ländern und wie die sich im Laufe der Zeit verteilen, aber das lenkt nur ab und ändert nichts am Grundaufbau des Modells: In ihm hängt das Ergebnis immer nur vom Verhältnis zwischen täglichem Verlust (entsprechend der Netto-Entnahme von CO_2 aus der Atmosphäre) und täglichem Zuschuss (entsprechend der anthropogenen CO_2-Freisetzung in die Atmosphäre) ab. Wenn man, wie das konkret gewählt wird, die Verluste durch doppelten Zuschuss ausgleicht, dann verbleibt eben die Hälfte des Zuschusses in der Kasse. Gleicht man die Verluste genau aus, bleibt der Kassenstand gleich. Schießt man das Dreifache der Verluste zu, wächst die Kasse um 2/3 der Zuschüsse. Das ist immer unabhängig von der Höhe des Umsatzes und geschieht bei Gleichbehandlung aller 1 €-Münzen! Nur sagt das weiter nichts aus. Das Anwachsen der Zahl der 1€-Münzen in der Registrierkasse ist kein auf die reale Atmosphäre übertragbares Ergebnis des Modells, sondern es ist in den Annahmen für das Modell fest vorgegeben. Das ist der erste Fehler des Modells: Es ist so konstruiert, dass das gewünschte Ergebnis (Verbleib von 50 %) auf jeden Fall herauskommen muss!

Zu beweisen war die Verträglichkeit einer langen Zeitkonstanten für die Entnahme der anthropogen freigesetzten CO_2-Moleküle trotz hoher natürlicher Umwälzung und bei Gleichbehandlung aller CO_2-Moleküle. In dem Modell kommt die Zeitkonstante aber gar nicht explizit vor. Versuchen wir also, sie zu ermitteln: Sie gibt, wie gesagt, an, wie schnell eine einmal eingebrachte Störung wieder abnimmt. Nehmen wir als solche Störung die Zugabe von 16 € an. Bei vorgegebenen 8 € Verlust pro Tag ist diese Störung in einem Tag auf die Hälfte abgebaut, in 2 Tagen ist sie ganz verschwunden und schon am dritten Tag ist sie in ihr Gegenteil verkehrt! Und diese »negative Störung« wächst jeden Tag weiter! Im Modell wird eben der Verlust vorgegeben und nicht der Abbau einer Störung simuliert! An der Aufgabenstellung geht das Modell völlig vorbei. Das ist der zweite Fehler des Modells: Es beantwortet die gestellte Frage nicht!

Die Beobachtungen beweisen also gar nichts und die Modelle auch nicht. Es bleibt daher dabei: *Es gibt nur eine Zeitkonstante für den Austrag von CO_2-Molekülen aus der Atmosphäre und die ist für alle CO_2-Moleküle die gleiche!*

Trotzdem noch eine kleine Ergänzung: Das Münzen-Modell betrachtet nicht einen einzelnen Störimpuls, sondern eine konstant anhaltende Störung (täglicher Zuschuss). Die kann man aber in viele, hintereinander erfolgende Einzelstörimpulse aufteilen, über die dann aufsummiert wird. Wenn das Modell einen einzelnen Störimpuls nicht richtig behandeln kann, dann kann es auch viele solche Einzelstörimpulse nicht richtig behandeln (»richtig« heißt: So, wie die Atmosphäre sich verhält).

5.7   Individuelle Moleküle und Gruppen von Molekülen

Nach IPCC muss man zwischen individuellen CO_2-Molekülen und Gruppen von CO_2-Molekülen unterscheiden: Die individuellen Moleküle sind alle gleich, unabhängig von ihrer Herkunft unterliegen sie der natürlichen Umwälzung und daher werden alle sehr rasch wieder aus der Atmosphäre ausgeschieden. Betrachtet man aber Gruppen oder bestimmte Mengen von CO_2-Molekülen, dann gilt nach Meinung von IPCC diese Gleichheit nicht mehr: Die natürlichen CO_2-Moleküle werden (mengenmäßig, nicht individuell) ausgeschieden wie sie eingebracht werden, ihre Zahl bleibt daher konstant, die anthropogenen CO_2-Moleküle werden (wieder mengenmäßig, nicht individuell) viel langsamer ausgeschieden als eingebracht, ihre Zahl in der Atmosphäre nimmt daher stark zu. Diese Zweiteilung gilt immer, unabhängig davon, wie groß die beiden Gruppen sind.

Weil aber alle CO_2-Moleküle gleich sind, gibt es in der Atmosphäre keine feste Einteilung in Gruppen. Man muss sich die IPCC-Betrachtungsweise eher so vorstellen, dass die individuellen CO_2-Moleküle innerhalb der Atmosphäre beliebig zwischen den Gruppen hin und her wechseln und die Gruppen nur in ihrer Größe (Anzahl der Moleküle) festgelegt sind. Es ist aber schwer zu verstehen, wie diese »fluktuierenden« Gruppen sich in der Praxis unterschiedlich verhalten sollen. CO_2-Moleküle können nicht untereinander Informationen austauschen und sie können an nichts erkennen, zu welcher Gruppe sie denn im Moment gerade gehören und was sie als Nächstes tun sollen. Aber IPCC nimmt an, dass sie sich unterschiedlich verhalten! Wie soll das gehen? Gruppen von CO_2-Molekülen können sich höchstens dann unterschiedlich verhalten, wenn die Gruppen sich nicht vermischen, sondern räumlich voneinander getrennt bleiben. IPCC rechnet im Prinzip so, als wäre die Atmosphäre durch Trennwände in separate Teilbereiche unterteilt, die von unterschiedlichen Zuflüssen gespeist, getrennt voneinander durchströmt und unterschiedlich schnell (nach unterschiedlichen Zeitkonstanten) entleert werden! In der Atmosphäre ist genau das nicht der Fall!

5.8   Eine weitere Quelle für CO_2?

Im Ausgangsjahr 1750 betrug die atmosphärische CO_2-Konzentration 280 ppm. Heute beträgt sie 410 ppm. Das ist ein Zuwachs um fast 50 % (bzw., wenn man die heutige Konzentration als 100 % nimmt, dann entspricht der Zuwachs einem Anteil von ca. 30 %). Irgendwoher muss dieser Zuwachs kommen! Nach IPCC ausschließlich aus den anthropogenen Freisetzungen. Von denen ist eben rund die Hälfte in der Atmosphäre verblieben, genau das ist der Anstieg. Dieser Verbleib von 50 % der anthropogenen Freisetzungen war immer schon so und er würde auch weiterhin so anhalten. So sieht das jedenfalls IPCC.

Das passt aber aus zwei Gründen nicht so richtig: Erstens entspricht die Zusammensetzung des CO_2 in der Atmosphäre immer der relativen Stärke der Quellen. Immer, weil das eine unmittelbare Folge der guten Durchmischung ist (Ziff. 5.3). *Wenn 130 von 410 ppm anthropogen sein sollen, dann müssen die anthropogenen Freisetzungen heute einen Anteil von 130/410 = ca. 30 % an den Gesamtfreisetzungen haben!* Aber nach den bekannten Zahlen machen sie nur ca. 5 % aus. Es fehlt also eine Quelle, die *um ein Mehrfaches stärker* ist als die anthropogenen Freisetzungen! Die Diskrepanz ist gewaltig.

Zweitens ist die *Entnahme von CO_2-Molekülen immer proportional zur Konzentration* in der Atmosphäre (die Entnahme, nicht die Netto-Entnahme, die sich aus der Differenz zwischen Entnahme und Freisetzung ergibt). Das fordert die Physik! Wenn die Entnahme bei 280 ppm ca. 80 ppm/a betragen hat (/5/), dann muss sie bei 410 ppm $80 \times 410/280 = 117$ ppm/a betragen! Wodurch die 410 ppm zustande gekommen sind, ist dafür egal. Egal ist auch, ob und wie viel CO_2 gleichzeitig mit der Entnahme in die Atmosphäre freigesetzt wird. Die (momentane) Entnahme richtet sich nur nach der (momentanen) Konzentration! Und die Freisetzung (Nachschub in die Atmosphäre) kann man aus dieser Entnahme und der beobachteten Veränderung der Konzentration berechnen: Wenn bei einer Entnahme von 117 ppm/a die Konzentration um 2 ppm/a weiter wächst, *dann müssen der Atmosphäre 119 ppm/a zugeführt werden!* Das fordert die Mathematik! 80 ppm/a waren es im Gleichgewicht bei 280 ppm, jetzt sind es also rund 40 ppm/a mehr. Da die anthropogenen Freisetzungen nur 4 ppm/a ausmachen, bestätigt das die gerade genannte »gewaltige Diskrepanz«. Es muss eine (erhebliche) zusätzliche Quelle geben! Welches ist die?

Bevor wir dieser Frage nachgehen, noch eine Klarstellung: Wenn die *Umwälzung ausgeglichen vorgegeben* wird, z.B. konstant mit jährlich 80 ppm rein und 80 ppm raus, dann ändert diese Umwälzung die CO_2-Menge in der Atmosphäre *nicht.* Damit bleibt insofern auch die Konzentration konstant. Wenn dann eine Quelle *dazu kommt,* auch wenn es nur eine sehr kleine Quelle ist (z.B. 4 ppm/a anthropogene Freisetzungen), dann steigt – bei festgehaltener Umwälzung – die Konzentration *immer weiter an,* im Ausmaß dieser Quelle, im gewählten Beispiel eben um 4 ppm/a! Und wenn man die Vorgabe etwas abwandelt, sodass die Umwälzung unausgeglichen ist und dadurch z.B. die Hälfte der zusätzlichen Einbringung wieder ausgeschieden wird (mathematisch geht das leicht, nur welcher physikalische Prozess soll das leisten?), dann steigt die Konzentration eben langsamer an, im gewählten Beispiel gerade um die Hälfte der zusätzlichen Einbringung. Aber sie steigt vorgabegemäß immer weiter an, *jährlich um den vorgegebenen Unterschied zwischen der zusätzlichen Quelle und der unausgeglichenen Umwälzung.* Infolge der guten Durchmischung entspricht die Zusammensetzung in der Atmosphäre jedoch *immer,* auch wenn die Konzentration längst weit über den Ursprungswert hinaus angestiegen ist, *genau dem Verhältnis der Quellstärken!* Aus einem bestimmten Wert (hier eben aus den 410 ppm) kann man daher *nicht* auf das Verhältnis der Quellstärken zurückschließen, denn dieser Wert 410 ppm ist ein Momentanwert, der auf ganz unterschiedliche Arten zustande gekommen sein kann. Schließen kann man nur in der anderen Richtung: Wenn man das Verhältnis der Quellstärken kennt, dann kennt man auch die Zusammensetzung in der Atmosphäre. Bzw., wenn man die Zusammensetzung kennt (oder meint, sie zu kennen), dann kann man auf die Quellstärken schließen: *Für einen CO_2-Anteil von rund 30 % (130 von 410 ppm) braucht man unabänderlich eine CO_2-Quelle mit einer anteiligen*

Stärke von rund 30 %! 5 % anthropogene Freisetzungen sind dafür eindeutig nicht ausreichend!

Damit jetzt endlich zur Suche nach dieser zusätzlichen Quelle. Als wichtigster Anwärter hierfür gilt die allgemeine Erwärmung, wodurch auch immer diese ausgelöst worden ist: Infolge der Temperaturabhängigkeit der Löslichkeit von CO_2 in Wasser *muss* eine Erwärmung sogar zu einer erhöhten Ausgasung führen! Das fordert einfach die Physik: Je wärmer es ist, desto mehr gelöstes Gas wird aus einer Flüssigkeit wieder freigesetzt! Nur über die Stärke dieser Quelle kann man diskutieren, nicht über ihre Existenz. Diese Diskussion über die Stärke wird erschwert, weil der Ozean sehr inhomogen ist und weil das CO_2 im Wasser verschiedenen chemischen Umwandlungen unterliegt (mehr dazu in Ziff. 5.15). Wie hoch die Einflüsse von Inhomogenität und chemischen Umwandlungen auf die Höhe der Freisetzung generell und speziell bei Erwärmung sind, ist nur schwer zu quantifizieren. Das ändert aber nichts daran, dass diese zusätzliche Quelle auf jeden Fall existieren muss! *Die anthropogenen Freisetzungen können schon allein deshalb nicht der einzige Grund für das Anwachsen von CO_2 in der Atmosphäre sein!*

Beigetragen zum CO_2-Anstieg hat die Erwärmung also auf jeden Fall. Aber wie viel? /7/ z. B. rechnet vor, dass sie durch Zusammenwirken erwärmungsbedingt erhöhter Ausgasung mit einer ebenfalls erwärmungsbedingten allgemeinen Verlängerung der Verweilzeit der CO_2-Moleküle in der Atmosphäre die gesamte Zunahme bewirkt haben kann!

Meist aber wird eher auf die Wechsel zwischen Eis- und Warmzeiten verwiesen. Bei diesen sieht es deutlich anders aus: Wir rekonstruieren das üblicherweise aus Eisbohrkernen. Danach hat damals eine Erwärmung um ca. 6 Grad eine Konzentrationserhöhung um ca. 100 ppm bewirkt. Linear umgerechnet hätte dann die generelle Erwärmung seit 1750 um ca. 1 Grad zu einer CO_2-Zunahme um ca. 16 ppm geführt. Das ist sehr wenig bei einer insgesamt eingetretenen Erhöhung von 130 ppm. Der Rest, also ca. 114 ppm, muss anthropogen sein, wird gesagt. Das ist aber nicht schlüssig: Erstens sind die Rekonstruktionen aus so alten Zeiten erheblich umstritten. Sind z. B. die Luftbläschen tatsächlich unverändert in die Eisbohrkerne eingelagert worden und hat sich ihre Zusammensetzung in den vielen Jahrtausenden Einschlusszeit wirklich nicht verändert? Nach z. B. /12/ haben die Luftbläschen sich sogar stark verändert. Wenn das stimmt, liegen die Rekonstruktionen erheblich daneben! Zweitens ist die lineare Umrechnung unsicher: Bei den Rekonstruktionen von »damals« handelt es sich um Langzeitauswirkungen bei damaligen Randbedingungen, heute sehen wir Kurzzeitauswirkungen bei heutigen Randbedingungen. Drittens schließlich muss bei genauerer Betrachtung die Erwärmung auch gar nicht allein das gesamte zusätzliche CO_2 bewirkt haben. Es gibt vielmehr noch weitere mögliche Quellen, z. B. Veränderungen von Meeresströmungen mit unterschiedlichen CO_2-Konzentrationen, oder vulkanische Ausgasungen, etc. Diese Quellen können erheblich beigetragen haben. Den CO_2-Zuwachs haben auf jeden Fall *alle möglichen Quellen zusammen* bewirkt! Es sei an die große Unsicherheit der einzelnen Flussgrößen der (hohen!) natürlichen Umwälzung erinnert (mehr als ± 20 %!): *Schon eine kleine Imbalance hier kann über die 270 Jahre seit 1750 zu fast jeder beliebigen CO_2-Konzentration in der Atmosphäre führen!*

Die Existenz einer zusätzlichen Quelle scheint unausweichlich zu sein, deren exakte Identifikation muss beim derzeitigen Kenntnisstand noch offen bleiben. Präzisierung: Statt einer zusätzlichen (oder zumindest verstärkten) Quelle kann es auch eine abgeschwächte Senke sein, oder beides zusammen, da besteht noch erheblicher Forschungsbedarf.

Der Existenz einer zusätzlichen Quelle wird manchmal entgegen gehalten, dass »*eine Senke keine Quelle*« ist. Ozean und Biomasse hätten stets etwa halb so viel CO_2 der Atmosphäre entnommen, wie anthropogen freigesetzt worden ist, und sie machten das auch heute noch so. Sie können daher gar keine Quelle sein, wird gesagt. Aber erstens sind Ozean und Biomasse *immer gleichzeitig Senke und Quelle,* das schließt sich gerade nicht gegenseitig aus, und zweitens sind sie *netto immer das, was gerade überwiegt.* Nehmen wir an, 1750 war Gleichgewicht und heute werden von Ozean und Biomasse zusammen beispielsweise 50 ppm/a mehr entnommen als damals. Wenn gleichzeitig die Rückgabe um 48 ppm/a zugenommen hat, dann sind Ozean und Biomasse heute netto eine Senke von 2 ppm/a und sie sind trotzdem eine um 48 ppm/a stärkere Quelle! Auch zu jeder anderen unterstellten Erhöhung der Entnahme findet man eine erhöhte Freisetzung, bei der netto gerade 2 ppm/a entnommen werden. Netto-Senke ist eben eine Differenzbetrachtung, Quelle ist eine Absolutaussage! Die Physik fordert, dass es eine zusätzliche Quelle gibt und rein mathematisch gibt es tausend Möglichkeiten, wie bei anthropogenen Freisetzungen von 4 ppm/a eine Bilanz von 2 ppm/a Zuwachs zustande kommen kann. Physikalisch begründet ist bei einer Konzentration von 410 ppm die Variante mit einer Entnahme von 119 ppm/a. Die zugehörige natürliche Freisetzung beträgt dann eben 117 ppm/a.

Ergänzende Anmerkung: Aus der Konzentration von 410 ppm und der Entnahmerate von 117 ppm/a lässt sich die Zeitkonstante für die Entnahme berechnen: Sie beträgt 410/117 = ca. 3,5 Jahre! Es sei nochmals darauf hingewiesen, dass sich bei dieser Ableitung gewissermaßen als Nebenprodukt die Notwendigkeit der Existenz einer starken zusätzlichen CO_2-Quelle ergeben hat!

5.9 Konstante natürliche Umwälzung?

IPCC geht, wie gesagt, von einem seit 1750 unverändert fortbestehenden Gleichgewicht aus, dem nur die anthropogenen Freisetzungen als Störung aufgesetzt sind. Aber bei näherem Hinsehen ist das so eindeutig doch nicht: *IPCC gibt selbst andere Zahlen an!* Z.B. nach /5/, Figure 6.1 auf Seite 471, sind die Zahlen des Gleichgewichtes von 1750 *gerade nicht gleich geblieben*, sondern sie haben sich verändert, sogar erheblich verändert: *Die CO_2-Freisetzung aus Ozean und Biomasse ist im Mittel der Jahre 2000 bis 2009 um 13,7 ppm pro Jahr höher als sie 1750 war* (Anstieg von 78,8 auf 92,5 ppm/a; ermittelt mit einem Umrechnungsfaktor 2,13 Gt C = 1 ppm)! Und die jährliche CO_2-Entnahme aus der Atmosphäre durch Ozean und Biomasse ist sogar *um 16 ppm größer geworden!* Die derzeitigen anthropogenen Freisetzungen werden in derselben Quelle mit 4,2 ppm/a angegeben. Die Veränderungen der natürlichen Zu- und Abflüsse sind daher nach IPCC-Angaben *mehr als drei Mal so groß wie die anthropogenen Freisetzungen!* Sie können daher auch einen *viel größeren Einfluss* auf die atmosphärische Konzentration haben als die anthropogenen Freisetzungen! Und wenn wir uns an die große Ungenauigkeit von »mehr als ± 20 %« für die Einzelwerte der Umwälzung erinnern, dann wird unmittelbar klar, dass gesicherte Aussagen über den Ursprung der erhöhten CO_2-Konzentration in der Atmosphäre auf diesem Weg ganz einfach nicht möglich sind! Aus den eigenen Zahlenangaben von IPCC ergeben sich erhebliche Zweifel an der Erklärung der CO_2-Zunahme in der Atmosphäre ausschließlich als Folge der anthropogenen Freisetzungen!

5.10 Was verbleibt: 50 % oder 2 %?

Nochmals zu den 50 % der anthropogenen Freisetzungen, die nach Meinung von IPCC in der Atmosphäre verbleiben, während 50 % wieder aus ihr ausgeschieden werden: Geschlossen wird auf dieses Verhalten aus den beiden bekannten Größen 4 ppm/a für die anthropogenen Freisetzungen und 2 ppm/a für die Zunahme der Konzentration in der Atmosphäre. Bei diesen Größen verbleiben eben 50 % der anthropogenen Freisetzungen in der Atmosphäre und 50 % werden wieder ausgeschieden, wird gesagt.

Aber dieser Schluss ist erstens unzulässig, weil er *das Verfolgen einzelner Flüsse durch die Atmosphäre hindurch* voraussetzt, was infolge der Durchmischung in der Atmosphäre nicht möglich ist (Ziff. 5.3). Was in der Atmosphäre verbleibt und was aus ihr wieder austritt, das kann beides *nicht einer bestimmten Quelle zugeordnet werden!* Die einzige Aussage, die man machen kann, ist, dass sowohl in dem CO_2, das die Senken der Atmosphäre entnehmen, als auch in dem CO_2, das in der Atmosphäre verbleibt, *die Quellen proportional zu ihrer jeweiligen Stärke vertreten sind.* Daraus folgt zwingend, dass von allen Quellen *der gleiche Prozentsatz in der Atmosphäre verbleiben muss!* Wenn von den anthropogenen Freisetzungen 50 % verbleiben, dann müssen auch von allen anderen Freisetzungen 50 % verbleiben! Da das eindeutig nicht der Fall ist, können die 50 % Verbleib ebenso eindeutig *nicht stimmen!*

Der Schluss ist zweitens auch unberechtigt, weil die Konzentrationszunahme um 2 ppm/a auf beliebig viele Arten zustande kommen kann: Es muss nur die *Summe aller Zuflüsse um 2 ppm/a größer sein als die Summe aller Ausflüsse!* Das kann mit unendlich vielen Paarungen erreicht werden. Auf diesem

Weg kann daher *nicht* gesagt werden, wie viel CO_2 insgesamt freigesetzt wird und welcher Prozentsatz davon in der Atmosphäre verbleibt. Da von jeder beitragenden Quelle der gleiche Prozentsatz verbleiben muss, kann so auch nichts über den Verbleib des anthropogenen CO_2 ausgesagt werden (außer, dass es auf jeden Fall weit unter 50 % sein müssen).

Ergänzung: Bei Prozentrechnungen ist es immer wichtig zu klären, was denn die 100 Prozent sind bzw. sein sollen. Die 2 ppm pro Jahr Zunahme des CO_2 in der Atmosphäre sind nur dann 50 % der Freisetzungen, wenn man *die anthropogenen Freisetzungen als 100 % wählt.* Die Moleküle der anthropogenen Freisetzungen unterscheiden sich aber durch nichts von denen der anderen Freisetzungen. Und in der Atmosphäre wird sowieso alles gut durchmischt. Bezieht man die 2 ppm Zunahme pro Jahr nicht auf die anthropogenen Freisetzungen, sondern *darauf, wie sehr sich die Freisetzungen seit 1750 insgesamt erhöht haben,* also auf 17,9 ppm/a nach IPCC-Angaben (13,7 erhöhte Umwälzung + 4,2 anthropogene Freisetzung, Ziff. 5. 9), dann verbleiben *nur gut 10 % in der Atmosphäre!* Geht man noch einen Schritt weiter und bezieht die Zunahme von 2 ppm pro Jahr auf die *Summe aller Freisetzungen* (ca. ein Viertel von 410 ppm), dann verbleiben sogar *nur ca. 2 % in der Atmosphäre!* Rechnerisch sind alle drei Werte gleich berechtigt. Physikalischen Sinn macht aber nur eine Rechnung, bei der alle CO_2-Moleküle gleich behandelt werden. *Es verbleiben tatsächlich also nur 2 % des freigesetzten CO_2 in der Atmosphäre,* 98 % werden wieder ausgeschieden! Das gilt für jede Quelle. Alle Schlüsse, die aus dem Verbleib von 50 % der anthropogenen Freisetzungen abgeleitet werden, können sich nicht auf physikalische Grundlagen berufen!

Rechtfertigt werden die »50 % Verbleib« manchmal in Analogie zu einem Wasserbehälter: Ein Wasserbehälter hat auf einer bestimmten Höhe ein Loch in seiner Wand. Im Ausgangszustand steht das Wasser bis zu diesem Loch. Wird nun mit einer konstanten Rate zusätzliches Wasser in den Behälter geschüttet, steigt der Wasserspiegel an. Umso schneller, je kleiner das Loch in der Wand ist. Bei einem bestimmten Lochdurchmesser verbleibt gerade die Hälfte des Zusatzwassers im Behälter, die andere Hälfte rinnt aus, wird gesagt. Diese Lochgröße hätten wir eben in der Atmosphäre, wird gesagt. Dass diese Argumentation nicht trägt, wird in Ziff. 5.11 gezeigt.

5.11 Unbegrenztes Wachstum und Null-Freisetzung

Nochmals die IPCC-Annahme: 50 % der anthropogenen Freisetzungen verbleiben in der Atmosphäre und sammeln sich dort an. Dann nutzen weder Einfrieren der Freisetzungen auf dem heutigen Stand noch Reduktion auf beispielsweise die Hälfte viel, weil in jedem Fall immer noch 50 % der Freisetzungen in der Atmosphäre verbleiben. Die Konzentration würde daher unabwendbar kontinuierlich immer weiter ansteigen, theoretisch unbegrenzt bis ins Unendliche, praktisch nur begrenzt durch die Endlichkeit der fossilen Energieträger. Daher fordert IPCC, die anthropogenen Freisetzungen *unbedingt auf null zu reduzieren!*

Einschub: In der schon kurz angesprochenen verfeinerten Version von IPCC, dem »Bern Carbon Cycle Model«, verbleiben zwar nur ca. 20 % der anthropogenen Freisetzungen permanent in der Atmosphäre (mehr dazu in Ziff. 7), aber das ändert nichts am grundsätzlichen Problem: Konstante Freisetzungen führen nach IPCC zu einem unbegrenzten Anstieg der CO_2-Konzentration, steigende Freisetzungen natürlich erst recht! Es ist daher eine *vollständige Einstellung* der anthropogenen Freisetzungen erforderlich. Ende des Einschubs.

Aber dieses konstante und unbegrenzte Wachstum der Konzentration *entspricht wohl eindeutig nicht der Physik:* Der Ansatz von IPCC, die Entnahme aus der Atmosphäre fest mit der (anthropogenen) Freisetzung zu verknüpfen (ein fester Prozentsatz), ist vom physikalischen Ablauf her unzulässig! *Die Entnahme hat mit der Freisetzung ganz einfach nichts zu tun.* Die Entnahme aus der Atmosphäre richtet sich vielmehr *nur nach der Konzentration* in der Atmosphäre: *Je höher die ist, desto mehr CO_2 fließt aus der Atmosphäre ab!* Bei konstanter Freisetzung, auf welcher Höhe auch immer, *muss sich daher ein Gleichgewicht einstellen und der Konzentrationsanstieg muss zum Erliegen kommen!* Eine Reduktion auf null ist zur Stabilisierung eindeutig nicht erforderlich.

Nehmen wir zur Veranschaulichung nochmals das Wasserbehältermodell vom Schluss der Ziff. 5.10: Wenn aus diesem Wasserbehälter weniger durch das Loch in der Wand heraus rinnt als konstant zugeschüttet wird, dann steigt der Wasserspiegel im Behälter an. Dadurch nimmt aber der Ausfluss durch das Loch zu. Das geht so lange, bis der Ausfluss gleich groß ist wie der Zufluss! Dann haben wir Fließgleichgewicht im Behälter und es verbleibt *kein* zusätzliches Wasser mehr in ihm. Den Zustand »50 % Verbleib« (oder irgendeinen anderen festen Prozentsatz) gibt es nur für einen kurzen Augenblick, aber nicht als Dauerzustand. Wer ihn als ein Gesetz betrachtet, das seit 270 Jahren so eingehalten wird, der liegt daneben!

Präzisierung: Der sich einstellende Zustand mit gleichem Abfluss wie Zufluss ist ein Fließgleichgewicht. Weil die CO_2-Senken Ozean und Biomasse nicht unendlich groß sind, bleibt dieses Fließgleichgewicht nicht konstant, sondern verschiebt sich langsam nach oben. Bei den realen Größenverhältnissen ist das aber ein sehr langsamer Prozess, der in erster Näherung vernachlässigt werden kann.

5.12 ^{14}C, ein unbeabsichtigtes Experiment in der Atmosphäre

^{14}C ist ein instabiles Isotop des Kohlenstoffes. Bei ihm sind im Kern 6 Protonen und 8 Neutronen vorhanden. Auf natürlichem Weg entsteht ^{14}C in der Atmosphäre in kleinen Mengen durch Kernumwandlungen aus Stickstoff, die von der kosmischen Strahlung ausgelöst werden. In der Atmosphäre wird es dann in der Form von $^{14}CO_2$ gespeichert. Aber nicht für ewig, es verschwindet vielmehr durch radioaktiven Zerfall mit einer (gemessen an den Zeitkonstanten im kurzfristigen Kohlenstoffkreislauf langen) Halbwertszeit von ca. 5700 Jahren und es wird, wie jedes CO_2, in den Ozean und in die Biomasse ausgetragen und aus diesen zum Teil auch wieder zurück gefördert. In der Atmosphäre stellt sich daher ein Fließgleichgewicht mit einer festen Konzentration des ^{14}C ein.

Nebenbemerkung: Dieses Konzentrationsgleichgewicht ist die Grundlage für die Radiokarbonmethode zur Altersbestimmung. Ende der Nebenbemerkung.

In den 1950er und 1960er Jahren wurde dieses Gleichgewicht durch Atombombenversuche in der Atmosphäre massiv gestört: Es wurden große Mengen ^{14}C in der Atmosphäre erzeugt, die Konzentration von $^{14}CO_2$ hat sich dadurch fast verdoppelt. Seit dem Teststoppabkommen 1963 hat die Konzentration von $^{14}CO_2$ in der Atmosphäre wieder abgenommen. Bis heute verlief der Abbau *praktisch exakt nach einer Exponentialfunktion mit einer festen Zeitkonstanten von etwa 15 Jahren*. An diesen Beobachtungen gibt es wohl keine substanziellen Zweifel.

Wohl aber gibt es Zweifel an der Interpretation. IPCC meint, dass diese Abnahme der Konzentration nur der Verdünnung des $^{14}CO_2$ durch Vermischung mit »normalem« CO_2 geschuldet wäre. Das durch die Bomben verursachte $^{14}CO_2$, das zunächst nur in der Atmosphäre enthalten war, würde sich durch die hohe natürliche Umwälzung sehr schnell auch auf die Speicher Ozean und Biomasse verteilen. Die Abnahme der $^{14}CO_2$-Konzentration in der Atmosphäre wäre nur eine Konsequenz dieser Durchmischung. Weil bei dieser Durchmischung anstelle der $^{14}CO_2$-Moleküle per Umwälzung normale CO_2-Moleküle aus dem Ozean oder aus der Biomasse in die Atmosphäre eingetragen würden, hätte diese Durchmischung keinen Einfluss auf die Menge am gesamten CO_2 in der Atmosphäre. Die wäre davon also nicht betroffen und würde nur sehr viel langsamer und nach ganz anderen Gesetzen abnehmen.

Der erste Teil dieser Argumentation (Durchmischung) ist richtig, der zweite (Konstanz der Gesamt-CO_2-Konzentration) nicht: Tatsächlich ist die Abnahme der $^{14}CO_2$-Konzentration in der Atmosphäre der Umverteilung des $^{14}CO_2$ auf alle drei Speicher geschuldet. Das $^{14}CO_2$ ist dann eben nicht mehr ausschließlich in der Atmosphäre vorhanden, sondern es teilt sich auf alle drei Speicher auf, in der Atmosphäre verbleibt nur ein Teil davon. Dabei wird aber *nicht* gezielt $^{14}CO_2$ auf die drei Speicher verteilt, sondern es wird *jegliches CO_2*, das in der Atmosphäre vorhanden ist, neu verteilt. Erreicht wird diese Umverteilung durch die Umwälzung. Ob dabei allerdings die Gesamt-CO_2-Konzentration in der Atmosphäre sinkt oder nicht, das ist abhängig davon, was hinsichtlich der Umwälzung angenommen wird: Wird sie als ausgeglichen angenommen, dann bleibt die Gesamt-CO_2-Konzentration insofern gleich.

Es wird ja gleich viel eingetragen wie ausgetragen. Wird die Umwälzung mit einem festen Wert, aber unausgeglichen angenommen, dann verändert sich die Gesamt-CO_2-Konzentration nach Maßgabe dieser Annahme. Das hatten wir schon in Ziff. 5.8. Wird jedoch zugelassen, dass die Umwälzung sich *nach physikalischen Gesetzen frei an geänderte CO_2-Konzentrationen anpasst*, dann regeln diese Gesetze die Veränderung der Gesamt-CO_2-Konzentration!

Diese Gesetze werden in Ziff. 5.13 beschrieben. Hier sei nur vorweggenommen, dass die natürliche Umwälzung sich tatsächlich anpasst und dadurch die Gesamt-CO_2-Konzentration in der Atmosphäre rasch sinkt (in der Realität, was auch immer die Modelle machen). Es wird eben nicht *das $^{14}CO_2$* aufgeteilt, sondern es wird *der Überschuss an CO_2* auf die Speicher aufgeteilt. Die Kurve, nach der diese Aufteilung erfolgt, ist immer die gleiche, egal, wie groß der Überschuss ist und egal, wie sich die CO_2-Moleküle in diesem Überschuss zusammensetzen. Das ist wie bei einem Wasserbehälter: Überschusswasser (oberhalb eines Loches in der Wand) rinnt immer nach der gleichen Kurve aus, egal, wie groß der Überschuss ist. In Ziff. 5.14 wird das nochmals thematisiert. Gleiche Kurve heißt aber gleiche Zeitkonstante! Das gilt auch für einen sehr kleinen Überschuss. Dann wird zwar nur sehr wenig abgebaut, aber trotzdem mit der gleichen Zeitkonstanten! Es ist auch egal, wie viel $^{14}CO_2$ im Überschuss-CO_2 enthalten ist, der Abbau folgt für alle Isotope gleich. *Die für den Abbau der $^{14}CO_2$-Konzentration gemessene Zeitkonstante gilt daher generell für den Austrag von CO_2 aus der Atmosphäre!*

Anmerkung: Das normale CO_2 ($^{12}CO_2$) und $^{14}CO_2$ unterscheiden sich chemisch nicht, wohl aber im Gewicht. Bei manchen chemischen Austauschprozessen reagieren sie daher nicht exakt gleich, sondern unterschiedlich schnell. Aber erstens ist der Unterschied nicht allzu groß und zweitens wird durch die hohe natürliche Umwälzung die Zusammensetzung der CO_2-Moleküle in der Atmosphäre ohnehin fast ausschließlich von den zurück geschickten Molekülen aus dem Ozean und der Biomasse bestimmt. Diese Zusammensetzung ist daher immer fast gleich, sodass aus ihr nur schwer präzise Aussagen über das Schicksal einzelner Moleküle in der Atmosphäre abgeleitet werden können.

Übergeordnete Betrachtung: Zur Einordnung der ^{14}C-Problematik sei der Blickwinkel noch etwas verändert: *^{14}CO$_2$ ist anthropogenes CO$_2$. Wieso sollte es sich anders verhalten als anderes, anthropogen freigesetztes CO$_2$? Der rasche Abbau von ^{14}CO$_2$ beweist den raschen Austrag von jeglichem CO$_2$ aus der Atmosphäre,* mindestens aber von jeglichem anthropogenen CO$_2$!

Ergänzung:

Die Zeitkonstante für den Austrag von ^{14}CO$_2$ ist mit ca. 15 Jahren entscheidend kürzer als die IPCC-Angaben für die Störungszeit von »normalem anthropogenem« CO$_2$. 15 Jahre sind aber doch merklich länger als die ca. 4 Jahre, die man als Zeitkonstante für den Austrag von CO$_2$ aus der Atmosphäre errechnet (Quotient aus dem Inventar in der Atmosphäre und dem Ausfluss aus ihr, siehe Ziff. 2). In der einschlägigen Literatur wird das manchmal auf den laufenden Nachschub von ^{14}C durch Rücklieferung aus Ozean und Biomasse sowie Neubildung durch die kosmische Strahlung zurück geführt (z. B. auch in /7/). Dieser Nachschub würde die Zeitkonstante erhöhen, 15 Jahre wären daher ein oberer Grenzwert für den Abbau von CO$_2$ aus der Atmosphäre, dieser selbst würde schneller verlaufen.

Ein konstanter Zufluss sollte aber keinen Einfluss auf die Zeitkonstante haben, nach der sich eine Störung (erhöhte Konzentration) wieder abbaut. Erklärung: Diese Zeitkonstante erhält man durch Differenzieren der Differenzialgleichung, die den zeitlichen Verlauf des Inventars beschreibt. Das gilt mit und ohne Zufluss. Ist letzterer vorhanden, aber konstant, dann ist sein Differenzial Null. Ein konstanter Zufluss ändert die Zeitkonstante daher nicht! Real ist die geschilderte Rücklieferung zwar nicht konstant, aber sie ändert sich nur sehr langsam und ist damit fast konstant. Sie sollte die Zeitkonstante daher nicht wesentlich verändern.

Zutreffender dürfte eher folgende Erklärung sein: Der CO$_2$-Austausch zwischen Atmosphäre und Ozean erfolgt gewissermaßen in zwei Stufen: Zunächst reagiert nur die oberflächennahe Ozeanschicht. Die ist klein und das Gleichgewicht mit der Atmosphäre wird daher rasch erreicht. Zusätzliches CO$_2$ kann der Atmosphäre dann nur mehr in dem Maße entnommen werden, in dem Kohlenstoff aus der oberflächennahen Schicht in den tieferen Ozean weitertransportiert wird. Dann wird in der oberflächennahen Schicht wieder Platz für die Aufnahme von weiterem CO_2. Dieser Weitertransport in den tieferen Ozean erfolgt viel langsamer als das anfängliche Einbringen in die oberflächennahe Schicht. In Ziff. 5.15 wird das näher erläutert. Hier sei nur vorweggenommen, dass als Konsequenz dieser stufenweisen Entnahme für die Bestimmung der Zeitkonstanten nicht einfach das Inventar in der Atmosphäre genommen werden darf, es muss vielmehr das gemeinsame Inventar in der Atmosphäre und in der oberflächennahen Ozeanschicht in die Rechnung eingesetzt werden. Dadurch ist die Zeitkonstante größer, in erster Näherung etwa doppelt so groß, weil dieses gemeinsame Inventar eben rund doppelt so groß ist. 15 Jahre scheinen daher ein realistischer Wert für die Zeitkonstante zu sein, nach der eine (beliebig verursachte) Erhöhung der CO_2-Konzentration in der Atmosphäre wieder abgebaut wird! Allerdings wird dieser Wert durch den zusätzlichen Austrag in die Biomasse wieder reduziert.

Bewertung:

$^{14}CO_2$ aus den Atombombenversuchen ist ein unbeabsichtigtes Experiment in unserer Atmosphäre. Es zeigt unmissverständlich, dass CO_2 (jegliches CO_2!) *sehr schnell (mit einer kurzen Zeitkonstanten) wieder aus der Atmosphäre ausgetragen wird*. Der genaue Wert der Zeitkonstanten mag noch etwas unsicher sein, er ist aber auf jeden Fall *um mindestens eine Größenordnung kleiner als der von IPCC angegebene Wert für das anthropogene CO_2*. Außerdem ist dieser Wert über mehr als 50 Jahre konstant geblieben: Man sieht nur eine e-Funktion, nicht eine Überlagerung mehrerer, wie das im Bern Carbon Cycle Model angenommen wird. In Ziff. 7 wird das näher erläutert und die Konsequenzen werden dargelegt.

5.13 Natürliche Umwälzung

Wieso gibt es in der Natur überhaupt eine Umwälzung von CO_2 zwischen der Atmosphäre und den Speichern Ozean und Biomasse, obwohl wir

Gleichgewicht haben (oder zumindest haben sollten)? Diese Umwälzung ist ganz einfach die *Folge örtlicher und zeitlicher Ungleichgewichte* zwischen den CO_2-Konzentrationen in der Atmosphäre und im Ozean bzw. in der Biomasse (mehr dazu gleich). Die Natur möchte diese Ungleichgewichte ausgleichen und schickt hierzu große Mengen von CO_2 zwischen der Atmosphäre und dem Ozean bzw. der Biosphäre hin und her. Das ist die »natürliche Umwälzung«. Ihre Existenz ist unstrittig, auch, dass die umgewälzten Mengen sehr groß sind. Wie groß diese Mengen aber tatsächlich sind, das wissen wir nur sehr ungenau: Die IPCC-Angabe der Fehlerbandbreite mit »mehr als ± 20 %« wurde schon genannt. Dass jährlich ein Viertel des Inventars in der Atmosphäre umgewälzt wird (Ziff. 3), ist daher nur ein grober Näherungswert.

Natürlich erhebt sich sofort die Frage, woher denn diese örtlichen und zeitlichen Ungleichgewichte in den CO_2-Konzentrationen überhaupt kommen. Im Grundsatz sind sie eine Folge davon, *dass die Atmosphäre durch Wind und Wetter gut durchmischt ist, der Ozean und die Biomasse aber nicht.* Aufgrund dieser guten Durchmischung der Atmosphäre herrscht in ihr überall prinzipiell die gleiche CO_2-Konzentration (Abb. 1, rote, durchgezogene Linie), während die CO_2-Partialdrücke im Ozean und in der Biomasse sehr starke räumliche (und auch zeitliche) Unterschiede aufweisen. Im Ozean z. B. ist das eine Folge der temperaturabhängigen Löslichkeit von CO_2 im Wasser: In warmen Zonen (Äquatornähe) ist die Löslichkeit gering und der Partialdruck hoch, in kalten Zonen (Polnähe) ist die Löslichkeit hoch und der Partialdruck nieder (Abb. 1, blaue Kurve). In den warmen Zonen gast daher viel CO_2 aus dem Ozean aus, in den kalten Zonen diffundiert viel CO_2 aus der Atmosphäre in den Ozean (Abb. 1, senkrechte schwarze Pfeile, durchgezogen). In Äquatornähe ist der Ozean also eine Quelle von CO_2 für die Atmosphäre, in Polnähe ist er eine Senke. *Quelle hier und Senke dort bedeuten Umwälzung!* Geschlossen wird der Kreislauf in der Atmosphäre sehr rasch durch die starke Verwirbelung und im Ozean ca. 1000 Jahre verzögert(!) durch die langsamen Meeresströmungen in der Tiefsee (Abb. 1, horizontale grüne Pfeile).

Verstärkt wird diese Umwälzung durch prinzipiell ähnliche Wechselwirkungen der Atmosphäre mit der Biomasse (Fotosynthese in der Wachstumsphase im Frühjahr und Sommer, Verrottung im Herbst und Winter; unterschiedlich in den beiden Hemisphären; mehr dazu in Ziff. 7.3). Insgesamt wird so, wie angegeben, jährlich etwa ein Viertel des CO_2-Inventars der Atmosphäre umgewälzt. Das ist 20 Mal mehr als die anthropogenen Freisetzungen betragen!

Ergänzung: Es ist die Umwälzung, die den »kurzfristigen Kohlenstoffkreislauf« zu einem *Kreislauf* macht. Angetrieben wird dieser Kreislauf letztendlich durch Sonnenenergie, die die Energie für das Umpumpen im Kreislauf zur Verfügung stellt. Wenn der Kreislauf konstant läuft, dann sagen wir, dass er »*im Gleichgewicht*« ist. In diesem Gleichgewicht befindet sich die Atmosphäre in einem *Fließgleichgewicht*, in dem sich die CO_2-Konzentration in ihr so eingestellt hat, dass Zu- und Abfluss gerade gleich groß sind.

Bleibt noch zu klären, wie sich diese Umwälzung verändert, wenn sich die Konzentration von CO_2 in der Atmosphäre verändert. Z. B. durch die Verbrennung fossiler Energieträger, oder durch irgendeinen anderen Prozess, für das Ergebnis ist die Ursache belanglos. Nehmen wir einmal an, die CO_2-Konzentration in der Atmosphäre wird schlagartig um 10 ppm erhöht (Abb. 1, gestrichelte rote Linie). Dann steigt das Partialdruckgefälle zum Ozean in den kalten Zonen um 10 ppm und in den warmen Zonen nimmt das dort umgekehrt gerichtete Partialdruckgefälle um 10 ppm ab! Dadurch wird jetzt in den kalten Zonen mehr CO_2 aus der Atmosphäre ausgetragen und in den warmen Zonen wird weniger CO_2 zurück geliefert (Abb. 1, gestrichelte schwarze Pfeile). Die Umwälzung ist daher jetzt (generell, wenn die CO_2-Konzentration in der Atmosphäre erhöht ist!) *nicht mehr ausgeglichen*, vielmehr entnimmt sie netto CO_2 aus der Atmosphäre! *Das wirkt der Störung entgegen und baut diese nach deren Beendigung wieder ab!*

Anmerkung 1: In der Realität ist das alles natürlich viel komplizierter, weil wir nicht einfach eine warme Zone am Äquator und eine kalte Zone in Polnähe haben, sondern ein kompliziertes System von unterschiedlichen Temperaturverteilungen und von räumlich abgegrenzten, drei-dimensionalen Meeresströmungen. Das ändert aber nichts am grundlegenden Mechanismus, der für das Zustandekommen der Umwälzung von CO_2 in der Atmosphäre und für deren Abhängigkeit von einer Konzentrationserhöhung in der Atmosphäre verantwortlich ist.

Anmerkung 2: Die Umwälzung wirkt sich nicht nur auf die CO_2-Bilanz der Atmosphäre aus, sondern auch auf die Zeitkonstante, mit der CO_2 aus der Atmosphäre ausgetragen wird. Aber unterschiedlich: Auf die Bilanz hat *nur die Unausgewogenheit der Umwälzung* Auswirkungen, auf die Zeitkonstante *nur die Ausflussrate!* Die Bilanz wird von der Umwälzung beeinflusst, wenn die Umwälzung unausgewogen ist, und sie wird nicht beeinflusst, wenn die Umwälzung ausgewogen ist. Die Zeitkonstante wird immer von der Umwälzung beeinflusst. Sie ist definiert als der Quotient aus dem Inventar und der Ausflussrate (Summe aller Ausflüsse). Egal, ob die Umwälzung ausgewogen ist oder nicht, die Größe des Ausflusses geht immer in die Zeitkonstante ein! Mehr dazu in Ziff. 6.3.

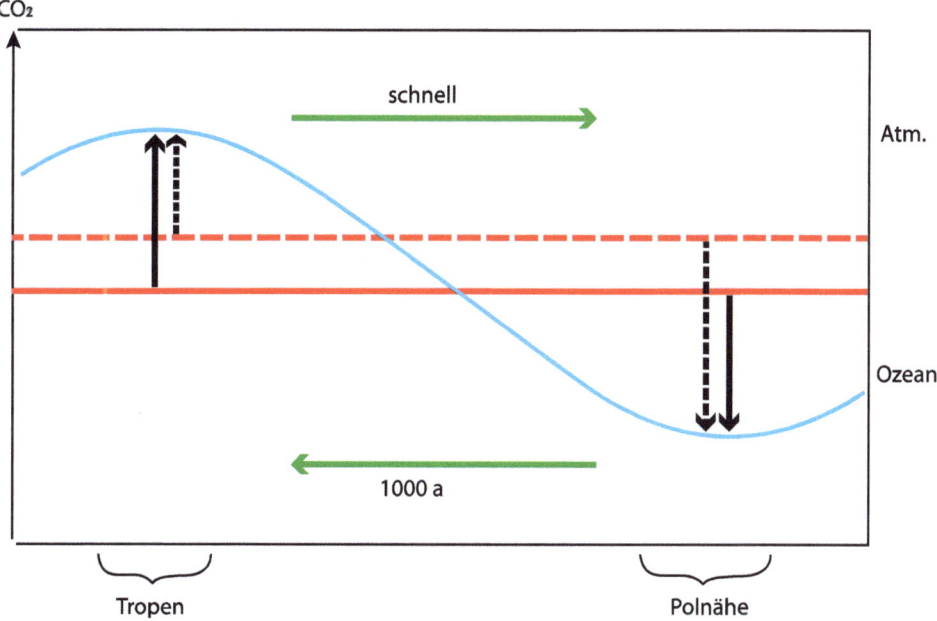

Abb. 1: Schematische Darstellung der CO_2-Umwälzung: Rot: Partialdruck in der Atmosphäre, überall gleich. Blau: Partialdruck im Ozean, temperaturabhängig. Schwarze und grüne Pfeile: Kohlenstoffflüsse (in der Tiefsee um 1000 Jahre verzögert). Gestrichelt: Bei erhöhter CO_2-Konzentration in der Atmosphäre.

5.14 Nicht-Linearitäten, Prinzip

In Ziff. 5.3, Nr. 4, wurde die Proportionalität zwischen CO_2-Zufluss zur Atmosphäre, CO_2-Konzentration in ihr und CO_2-Ausfluss aus ihr schon kurz angesprochen. Es wurde auch dazu gesagt, dass diese Proportionalität grundsätzlich nicht mehr gilt, wenn sich die relativen Stärken der Senken in Abhängigkeit von der CO_2-Konzentration in der Atmosphäre verändern. Eine solche Änderung entspricht einem nicht-linearen Verhalten. Ein solches ist auch prinzipiell zu erwarten, da sowohl im Ozean als auch in der Biomasse das CO_2 chemischen Umwandlungen unterliegt. Ausmaß und Konsequenzen der Nicht-Linearität sind aber komplex und nicht leicht zu quantifizieren. Das Thema sei hier etwas ausführlicher behandelt, in Ziff. 5.14 zunächst die Grundsätze, in Ziff. 5.15 dann die reale Situation. Beides kann aus Platzgründen und zur besseren Lesbarkeit aber nur eine vereinfachte Beschreibung sein, sollte jedoch helfen, die Bedeutung für den Kohlenstoffkreislauf ausreichend transparent zu machen.

Vereinfachtes Modell:

Modelle sollen komplexe Sachverhalte anschaulich machen. Abb. 2 zeigt ein einfaches Modell des kurzfristigen Kohlenstoffkreislaufes: Zwei durch eine Ausgleichsleitung miteinander verbundene und oben offene Wasserbehälter. Behälter 1 steht für die Atmosphäre, Behälter 2 für die Senken Ozean und Biomasse zusammengefasst. Die Füllstände entsprechen der jeweiligen CO_2-Konzentration, die Wasservolumina den jeweiligen CO_2-Inventaren (nicht maßstabgerecht gezeichnet, real ist der Behälter 2 sehr viel größer als der Behälter 1). Im Gleichgewicht sind die Füllstände in beiden Behältern gleich hoch und die Ausgleichsleitung ist nicht durchflossen. Wird zusätzliches Wasser in Behälter 1 eingebracht, fließt Wasser durch die Ausgleichsleitung zum Behälter 2. Die Durchflussrate ist dabei immer proportional zum momentanen Füllstandsunterschied zwischen den beiden Behältern. Der Durchfluss endet, wenn die Füllstände wieder ausgeglichen sind. Im neuen Gleichgewicht verteilt sich das Zusatzwasser im Verhältnis der Größen der beiden Behälter. Dabei ist für die Größe eines Behälters aber nicht sein Inventar maßgebend, sondern seine Querschnittsfläche.

In der Abb. sind zwei Varianten eingezeichnet: Mit geraden Wänden des Behälters 2 (durchgezogene Linien) und mit Wänden, die im Bereich des Wasserstandes schräg verlaufen (gestichelte Linien). Mit geraden Wänden verhält sich das System linear, mit schrägen Wänden nicht-linear.

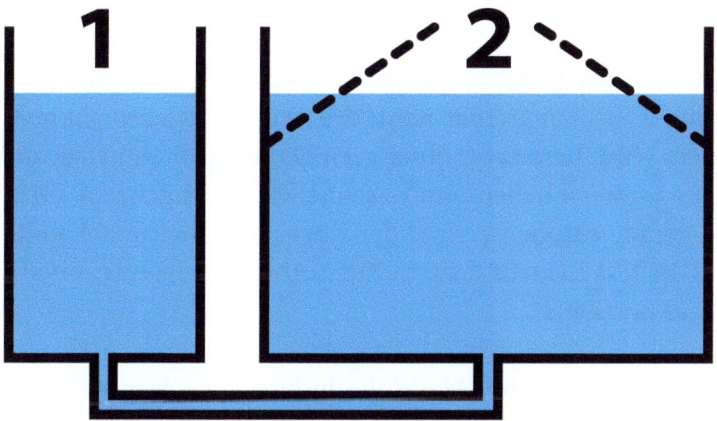

Abb. 2: Einfaches Modell des kurzfristigen Kohlenstoffkreislaufes: Zwei Wasserbehälter, Behälter 1 symbolisiert die Atmosphäre, Behälter 2 die beiden Speicher Ozean und Biomasse zusammengefasst. Dünne Ausgleichsleitung zum Niveauausgleich.

Fangen wir mit dem linearen System an:

Der Durchfluss durch die Ausgleichsleitung ist *stets proportional zum Antrieb* für diesen Durchfluss (Füllstandsunterschied). Das ist die mathematische Bedingung dafür, dass die Annäherung an den neuen Gleichgewichtszustand nach einer *Exponentialfunktion mit einer festen Zeitkonstanten* erfolgt. Berechnen lässt sich diese Zeitkonstante als Quotient aus der Wassermenge, die im Behälter 1 zu einem bestimmten Zeitpunkt noch zu viel da ist (Überschussmenge gegenüber dem neuen Gleichgewicht) und der Ausflussrate [Menge pro Zeiteinheit] aus dem Behälter 1 im gleichen Zeitpunkt. Daraus wird sofort ersichtlich, dass diese Zeitkonstante

a) *unabhängig von der Menge des Zusatzwassers* und

b) *auch unabhängig von der Größe des Behälters 2 ist.*

Die Unabhängigkeit von der Zusatzwassermenge folgt unmittelbar aus der Proportionalität zwischen Antrieb und Durchflussrate: Ist der Antrieb z. B. doppelt so groß (weil der Füllstand doppelt so hoch ist), dann ist auch der Ausfluss doppelt so groß!

Die Unabhängigkeit von der Größe des Behälters 2 ist verständlich, weil bei einem kleinen Behälter 2 der Füllstand in diesem schneller steigt, der Ausfluss aus dem Behälter 1 also langsamer wird, das neue Gleichgewicht aber auch schneller erreicht wird, bereits bei einer geringeren Ausflussmenge aus dem Behälter 1. »Langsamer Fließen« und »schneller Gleichgewicht Erreichen« gleichen sich gerade aus, der Verlauf der Kurve ist daher unabhängig von der Größe des Behälters 2 (mehr dazu in Ziff. 5.16). Gleiche Kurve heißt aber auch gleiche Zeitkonstante!

Zusammenfassend: *In einem linearen Modell beeinflussen die Menge des Zusatzwassers und die Größe des Behälters 2 die Lage des neuen Gleichgewichtes, nicht aber die Zeitkontante, gemäß der dieses erreicht wird!*

Damit zum nicht-linearen Modell:

Ein solches ergibt sich z. B. dann, wenn *nicht nur die Durchflussmenge vom Wasserstand abhängig ist, sondern auch die wirksame Größe (Querschnittsfläche) des Behälters 2.* Ein Beispiel dafür ist in Abb. 2 durch gestrichelte Linien dargestellt: Hier sind die Wände des Behälters 2 in Höhe des Wasserstands schräg. Ändert sich der Wasserstand, ändert sich auch die Querschnittsfläche. Je schräger die Wände sind, desto stärker ausgeprägt ist die Nicht-Linearität.

Auch hier wird nach Zugabe einer bestimmten Wassermenge zum Behälter 1 Füllstandsausgleich erreicht, aber auf höherem Niveau (bei nach außen geneigten Wänden auf niedrigerem Niveau) als bei senkrechten Wänden des Behälters 2. *Die Zusatzwassermenge beeinflusst jetzt nicht nur die Lage des neuen Gleichgewichtes, sondern auch die Zeitkonstante, mit der es erreicht wird* (wobei diese Zeitkonstante, je nach Form der Wände, sich auch im Laufe des Prozesses weiter verändern kann, also keine echte Konstante sein muss). Und die Schräge der Wände (allgemeiner: Die Form der Wände) beeinflusst ebenso sowohl die Lage des neuen Gleichgewichtes als auch die Zeitkonstante, mit der es erreicht wird.

Zusammenfassend: *In einem nicht-linearen Modell beeinflussen die Menge des Zusatzwassers und die Größe des Behälters 2 die Lage des neuen Gleichgewichtes und auch die Zeitkontante, gemäß der dieses erreicht wird!*

Zur Klarstellung: Der dicke »Bauch« des Behälters 2 hat auf die aktuelle Wechselwirkung mit dem Behälter 1 keinen Einfluss: Egal, wie dick dieser »Bauch« ist, für die Wechselwirkung ist nur der Bereich des Wasserspiegels maßgeblich. Bleibt die Querschnittsfläche bei einer Änderung des Wasserspiegels konstant, ist die Wechselwirkung linear, ändert sie sich, ist die Wechselwirkung nicht-linear.

5.15 Nicht-Linearitäten, real

Ozean-Chemie:

CO_2 aus der Atmosphäre wird in Wasser gelöst und kann auch wieder zurück ausgasen. Infolge der Größe des Ozeans ist eine eventuelle Nicht-Linearität dieser Wechselwirkung besonders wichtig. Eine solche Nicht-Linearität ist prinzipiell die Folge davon, dass ein Teil (real sogar der mit Abstand größere Teil!) des im Ozeanwasser gelösten CO_2 im Wasser *in andere chemische Formen umgewandelt* wird (in Karbonat und Bikarbonat). Diese Umwandlungsprodukte *tragen nichts zum CO_2-Partialdruck im Wasser bei* (sie sind ja nicht CO_2)! Dadurch wird die CO_2-Aufnahmekapazität des Ozeans durch diese Umwandlungen *ganz erheblich gesteigert*. Würde sich auch im Wasser nichts vom CO_2 chemisch umwandeln, könnte im Ozean nur recht wenig Kohlenstoff gespeichert sein, jedenfalls bei weitem nicht ca. 50 Mal so viel wie in der Atmosphäre, wie das derzeit der Fall ist!

In jedem Speicher gilt für den *Kohlenstoff insgesamt* die Massenbilanz: Das Gesamt-Kohlenstoff-Inventar ändert sich nur durch die Differenz zwischen Zu- und Abfluss. Das gilt natürlich auch im Ozean. Infolge der geschilderten chemischen Umwandlungen gilt diese Massenbilanz im Ozean aber *nicht für das CO_2:* Durch diese Umwandlungen *wird die CO_2-Menge im Ozean reduziert,* ohne die Gesamt-Kohlenstoff-Menge zu ändern. Das geht natürlich auch anders herum: Durch Rückumwandlung aus Karbonat und Bikarbonat zurück in CO_2 kann die CO_2-Menge *wieder erhöht werden, ohne dass sich das Gesamt-Kohlenstoff-Inventar ändert.* Hinweis: Es sei daran erinnert, dass das CO_2 in der Atmosphäre inert ist, dort also die Massenbilanz auch für das CO_2 gilt (Ziff. 5.3)!

Der Revelle-Faktor:

Das sich im Ozean durch die Umwandlungen in Hin- und Rückrichtung einstellende Verhältnis zwischen CO_2 einerseits und Karbonat + Bikarbonat andererseits (Dissoziation) ist stark von der *Gesamtmenge an gelöstem Kohlenstoff* im Wasser abhängig. Dadurch wird das Verhalten nicht-linear, auch wenn alle anderen Parameter konstant gehalten werden: Beim heutigen Zustand werden, wenn sich weiteres CO_2 im Wasser löst (Erhöhung der Gesamtmenge), in diesem *rund 10 Mal so viele CO_2-Moleküle zusätzlich durch Rückumwandlung aus dem schon vorhandenen Karbonat und Bikarbonat gebildet als neue Moleküle eingebracht werden!*

Dieser Faktor 10 wird nach dem US-amerikanischen Ozeanologen Roger Revelle als »Revelle-Faktor« bezeichnet. Sein genauer Wert hängt noch von vielen weiteren Einflussgrößen ab, wie pH-Wert, Temperatur, Salzgehalt, etc. Die wichtigste Abhängigkeit ist aber die schon erwähnte von der Menge. Eine ganz wesentliche Folge dieser Mengenabhängigkeit ist, dass bei weiterem CO_2-Eintrag ins Wasser bei den derzeitigen Verhältnissen die CO_2-Konzentration im Wasser etwa *10 Mal so schnell ansteigt* wie ohne chemische Umwandlungen! Es werden ja, wie schon angegeben, im Wasser 10 Mal so viele CO_2-Moleküle zusätzlich aus Karbonat und Bikarbonat generiert wie aus der Atmosphäre in Lösung gehen. Der Übergang von CO_2 aus der Atmosphäre in den Ozean ist daher erschwert, so stark erschwert, wie wenn der Ozean um den Faktor 10 kleiner wäre. Das ist eine *ganz erhebliche Nicht-Linearität!*

Wird der Prozess umgekehrt, tritt also CO_2 aus dem Wasser in die Atmosphäre über, dann wirkt die Dissoziationsverschiebung *in die andere Richtung:* Für jedes dem Wasser entnommene CO_2-Molekül werden im Wasser etwa 10 weitere CO_2-Moleküle in Karbonat und Bikarbonat umgewandelt! Der Ozean reagiert auch hier als wäre er um den Faktor 10 kleiner als er wirklich ist. Der Konzentrationsausgleich wird *viel früher* erreicht als ohne chemische Umwandlungen.

Zur Klarstellung: Auf den ersten Blick sieht es wie ein Widerspruch aus, wenn die chemischen Umwandlungen einerseits eine sehr viel höhere Aufnahmekapazität des Ozeans für CO_2 bewirken, andererseits aber der Ozean von einem zusätzlichen CO_2-Angebot nur viel weniger aufnehmen kann als ohne chemische Umwandlungen. Aber das ist eben ein nicht-lineares Verhalten: Zunächst (bei wenig Gesamt-Kohlenstoff) wird viel des eingebrachten CO_2 chemisch umgewandelt. Das entzieht einen Teil des Kohlenstoffes der CO_2-Bilanzierung, also kann mehr CO_2 aus der Luft vom Wasser aufgenommen werden. Aber dadurch steigt natürlich die Konzentration der Umwandlungsformen im Wasser. Wenn es nun für diese Konzentration ein von der Gesamtmenge des gelösten Kohlenstoffes abhängiges Optimum gibt und dieses überschritten wird, dann wird eben bei jeder weiteren Erhöhung der Gesamt-Kohlenstoffmenge wieder einiges aus den vorhandenen Umwandlungsformen zurück in CO_2 umgewandelt. In diesem Bereich steigt die CO_2-Konzentration dann schneller an als wenn es keine chemischen Umwandlungen gäbe. Ein solches Optimum existiert tatsächlich und es ist auch bereits überschritten: *Wir haben eine erhöhte Kohlenstoffspeicherkapazität und gleichzeitig eine verringerte CO_2-Aufnahmekapazität!*

Geschwindigkeit der Reaktion:

Die beschriebenen chemischen Umwandlungen in der Wasserphase wirken sich massiv auf das neue Gleichgewicht (nach einer Störung) aus: *Es wird im gleichen Ausmaß verschoben,* also ebenso um den Faktor ca. 10! Und weil die chemischen Umwandlungen immer praktisch sofort ablaufen, wird die Geschwindigkeit, mit der sich dieses Gleichgewicht einstellt, durch die Diffusion des CO_2 durch die Grenzfläche zwischen Luft und Wasser bestimmt. Die chemischen Umwandlungen folgen praktisch gleichzeitig. Dabei läuft schon dieser Diffusionsprozess sehr rasch ab. Wir kennen das von Sprudelflaschen: Einmal geöffnet, baut sich der erhöhte Partialdruck innerhalb von wenigen Stunden vollständig ab. Bei Atmosphäre und Ozean dauert das infolge deren Größe natürlich länger, verläuft aber immer noch *sehr viel schneller* als die meisten anderen Prozesse im kurzfristigen Kohlenstoffkreislauf. An denen gemessen erfolgt der Partialdruckausgleich zwischen Luft und Wasser beinahe sofort. Luft und Wasser bilden also praktisch immer eine Einheit. Jedenfalls gilt das für die luftnahe Schicht des Wassers, mehr dazu kommt etwas weiter unten.

Zusammenwirken beider Prozesse:

Schon in Ziff. 5.13 haben wir gesehen, dass beide Prozesse, die Entnahme von CO_2 aus der Atmosphäre durch den Ozean und die Rückgabe von CO_2 aus diesem an die Atmosphäre, gleichzeitig ablaufen, nur eben räumlich voneinander getrennt. Die Entnahme findet vor allem in kalten Gegenden statt, die Rückgabe vor allem in warmen Gegenden. Diese Gleichzeitigkeit von Entnahme und Rückgabe heißt aber nicht, dass diese beiden Prozesse sich unmittelbar gegenseitig beeinflussen: Eine solche unmittelbare Beeinflussung gibt es *nur in der Atmosphäre.* Diese wird immer schnell durchmischt. Nimmt sie mehr CO_2 aus dem Ozean auf (oder woher auch immer), dann wirkt sich das praktisch unverzögert auf ihre Abgabe von CO_2 an den Ozean aus. Der Ozean antwortet prinzipiell gleichartig: Auch er reagiert auf eine erhöhte Aufnahme von CO_2 mit einer erhöhten Abgabe. *Aber diese Reaktion erfolgt infolge der Größe des Ozeans und infolge der langsamen Meeresströmungen zum Teil erst um 1000 Jahre verzögert* (siehe gleich)! Der Austausch von CO_2 zwischen Atmosphäre und Ozean erfolgt daher in den hier interessierenden Zeiträumen *weitgehend wie die Wechselwirkungen der Atmosphäre mit zwei voneinander getrennten Ozeanen:* Bei der Aufnahme von CO_2 aus der Atmosphäre ändert der Ozean sich praktisch gleichzeitig mit, bei seiner Abgabe von CO_2 an die Atmosphäre verhält er sich heute aber noch weitgehend so, wie er das vor 270 Jahren getan hat. Das CO_2, das er seit 1750 aufgenommen hat, wird er *zum Teil erst in einigen hundert Jahren wieder abgeben!*

Präzisierung: Diese verzögerte Reaktion des Ozeans betrifft natürlich nur den Teil seiner Antwort, der über die Zwischenspeicherung in der Tiefsee erfolgt. Und diese verzögerte Antwort erfolgt genau genommen auch nicht *heute noch so wie vor 270 Jahren*, sondern sie erfolgt heute so, *wie dem Ozean vor ca. 1000 Jahren CO_2 zugeführt worden ist!* Und wie das genau war und wie lange die Zwischenspeicherung wirklich ist, das wissen wir nur sehr grob. Das ist *eine erhebliche Quelle unserer Unsicherheit* über die Ursachen des Anstiegs der atmosphärischen CO_2-Konzentration in den letzten 270 Jahren! Eine Veränderung der Meeresströmungen kann jedenfalls einen erheblichen Beitrag hierzu geliefert haben.

Atmosphäre, oberflächennaher Ozean und tiefer Ozean:

Überhaupt ist der Ozean alles andere als ein einheitliches Medium, nicht nur regional, sondern auch vertikal. Wie schon in Ziff. 5.12 angegeben, muss er hinsichtlich seiner Wechselwirkungen mit der Atmosphäre mindestens in eine relativ dünne oberflächennahe Schicht und in den viel größeren tieferen Ozean unterteilt werden. *Nur die oberflächennahe Schicht ist an diesen Wechselwirkungen direkt beteiligt.* Sie ist durch Wind und Wellen vertikal gut durchmischt. Und nur in ihr findet Fotosynthese durch das einfallende Sonnenlicht statt. Im Durchschnitt ist sie ca. 100 Meter dick. *Der tiefere Ozean steht nur indirekt mit der Atmosphäre in Verbindung.* Ein Beispiel zur Veranschaulichung der Verhältnisse kommt weiter unten.

Bei der Wechselwirkung zwischen der Atmosphäre und der oberflächennahen Ozeanschicht verstärken sich drei Effekte gegenseitig: Die relativ hohe Geschwindigkeit, mit der Diffusionsprozesse durch die Grenzfläche zwischen Luft und Wasser ablaufen, das relativ kleine Volumen der oberflächennahen Ozeanschicht, das zu einer relativ raschen Einstellung des Gleichgewichtes führt, und die zusätzliche scheinbare Verkleinerung dieser oberflächennahen Ozeanschicht infolge der Nicht-Linearität des Überganges von CO_2 aus der Luft ins Wasser (siehe oben, Faktor 10). *Atmosphäre und oberflächennahe Ozeanschicht sind daher sehr eng miteinander verkoppelt.* Nach einer CO_2-Konzentrationserhöhung in der Atmosphäre wird immer *sehr schnell* Ausgleich der Partialdrücke erreicht! Von da ab läuft der Prozess dann nur mehr in dem Maße weiter, in dem Kohlenstoff aus dieser oberflächennahen Ozeanschicht *in den tieferen Ozean weiterbefördert* wird. Im gleichen Maß kann dann CO_2 aus der Atmosphäre in die oberflächennahe Ozeanschicht *nachgefördert* werden. Die *insgesamt zeitbestimmende Größe* ist daher der *Weitertransport* von Kohlenstoff aus der oberflächennahe Ozeanschicht in den tieferen Ozean. *Dieser Weitertransport legt fest, wie rasch CO_2 der Atmosphäre entnommen wird!*

Wir müssen uns also diesen Weitertransport näher anschauen. Der läuft *völlig anders* ab als die Wechselwirkung zwischen der Atmosphäre und der oberflächennahen Ozeanschicht: Die Diffusion von CO_2 trägt zum Weitertransport fast überhaupt nichts bei. Der erfolgt vielmehr fast ausschließlich mechanisch durch auf- und absteigende Meeresströmungen mitsamt ihrem jeweiligen Inhalt und durch Absinken abgestorbener organischer Substanzen. Chemische Umwandlungen spielen beim Weitertransport nur eine untergeordnete Rolle. Die Wechselwirkung mit dem tieferen Ozean sollte daher *angenähert linear* verlaufen, auch wenn sie im Detail sehr kompliziert ist!

Durch die enge Kopplung zwischen Atmosphäre und oberflächennaher Ozeanschicht steht letztere aber nicht allein mit dem tieferen Ozean in Wechselwirkung, sondern immer nur zusammen mit der eng angebundenen Atmosphäre. Die Atmosphäre folgt jeder Veränderung der oberflächennahen Ozeanschicht eng verknüpft nach. Atmosphäre und oberflächennahe Ozeanschicht wirken dem tieferen Ozean gegenüber wie eine Einheit. Wie diese Einheit in sich verknüpft ist, wie also Atmosphäre und oberflächennahe Ozeanschicht im Detail untereinander verbunden sind, das ist für die weitere Wechselwirkung mit dem tieferen Ozean belanglos. Anders ausgedrückt: *Die starke Nicht-Linearität der Wechselwirkung zwischen Atmosphäre und oberflächennaher Ozeanschicht verliert für den Gesamtprozess der Entnahme von CO_2 aus der Atmosphäre ihre Bedeutung!* Wirksam ist praktisch nur mehr der

Prozess des Weitertransportes in den tieferen Ozean und der ist, wie gesagt, *weitgehend linear.*

Beispiel zur Veranschaulichung:

Nun das angekündigte Beispiel zur Veranschaulichung: Stellen wir uns drei Behälter hintereinander vor. Die ersten beiden Behälter sind klein, der dritte ist sehr viel größer. Gekoppelt sind die Behälter durch intensive und füllstandsabhängige Umwälzung der Inhalte zwischen jeweils benachbarten Behältern. Durch diese intensive Umwälzung gleichen sich die kleinen Behälter 1 und 2 immer sehr schnell aneinander an. Was auch immer der eine tut, der andere folgt sehr schnell nach. Und dieser Doppelpack aus den beiden Behältern reagiert dann als Ganzes mit dem sehr viel größeren dritten Behälter. Diese Reaktion läuft zwar auch schnell ab, mit vergleichbar großen Umwälzmengen wie innerhalb des Doppelpacks, aber weil der dritte Behälter sehr viel größer ist, stellt sich das neue Gleichgewicht mit ihm immer erst sehr viel später ein. Wie der Zusammenhalt im Doppelpack im Detail funktioniert, das spielt für die Wechselwirkung des Doppelpacks mit dem dritten Behälter keine Rolle! Ob diese Kopplung im Doppelpack linear oder nicht-linear ist, und wie schnell sie genau abläuft, das macht keinen Unterschied. Solange der Ausgleich im Doppelpack sehr viel schneller erfolgt als die Wechselwirkung mit dem dritten Behälter, bestimmt nur der Weitertransport in den dritten Behälter, wie sich eine, in Behälter 1 eingebrachte Störung insgesamt abbaut! Auch für die Lage des neuen Gleichgewichtes ist nur die Wechselwirkung des Doppelpacks mit dem dritten Behälter ausschlaggebend. Für den Prozess insgesamt wirkt der zweite Behälter nicht viel anders als eine (relativ geringfügige) Vergrößerung des ersten Behälters. De facto reagiert das System so, als würde es nur aus zwei Behältern bestehen! Und die reagieren weitgehend linear miteinander!

Für den Kohlenstoffkreislauf heißt das: Atmosphäre und oberflächennahe Ozeanschicht reagieren wie eine Einheit mit dem tieferen Ozean. Die Gesamtreaktion wird durch die Wechselwirkung der oberflächennahe Ozeanschicht mit dem tieferen Ozean bestimmt. Die Atmosphäre wirkt dabei nur wie eine Vergrößerung der oberflächennahe Ozeanschicht.

Biomasse:

So viel zum Ozean. Die zweite Senke für CO_2 aus der Atmosphäre ist die Biomasse. Diese entnimmt das CO_2 per Fotosynthese und sie speichert den Kohlenstoff dann praktisch ausschließlich in anderen chemischen Formen. Zurück gibt sie den Kohlenstoff größtenteils als CO_2 durch Atmung und durch Verrottungsprozesse. Mengen und Prozesse sind sehr vielfältig und nur schwer zu quantifizieren.

Insgesamt dürften aber die Aufnahme von CO_2 durch die vorhandene Biomasse und die entsprechende Rückgabe an die Atmosphäre in grober Näherung proportional zur Konzentration in der Atmosphäre erfolgen, also ohne große Abweichungen von der Linearität. Da außerdem die Biomasse bei allen saisonalen Schwankungen netto mit zunehmender CO_2-Konzentration in der Atmosphäre eindeutig wächst (z. B. /9/), könnte ihre Stärke als Senke insgesamt vielleicht sogar etwas überproportional wachsen (Hinweis: Dieses Wachsen entspricht im Modell der Abb. 2 einem Behälter 2, bei dem die Wände im Bereich des Wasserstandes schräg nach außen verlaufen, der Querschnitt sich also bei steigendem Wasserstand vergrößert!).

Gesamtbetrachtung:

Alles zusammen betrachtet haben wir also folgende Situation: Die Wechselwirkungen mit dem (tiefen) Ozean und mit der Biomasse sind höchstwahrscheinlich einigermaßen linear. Beim Weitertransport in den (tiefen) Ozean könnte etwas Unter-Linearität vorliegen, weil chemische Umwandlungen doch eine gewisse Rolle spielen, beim Übertritt in die Biomasse dürfte eher etwas Über-Linearität vorliegen, weil die Biomasse insgesamt wächst. Weil aber beide Abweichungen vermutlich nicht allzu groß sind und weil sie ohnehin prinzipiell gegeneinander arbeiten, sollte die Gesamt-Wirkung tatsächlich *recht nahe an der Linearität liegen*. Das zusammen mit dem ohnehin geringen Ausmaß der Störungen (die anthropogenen Freisetzungen betragen selbst heute noch nur ca. 5 % der natürlichen Freisetzungen!), sollten Ergebnisse aus linearer Betrachtung die realen Verhältnisse auf jeden Fall brauchbar gut beschreiben. Es sei aber ausdrücklich klargestellt, dass alle quantitativen Aussagen zur Linearität oder Nicht-Linearität noch mit erheblichen Unsicherheiten verbunden sind und weitere Untersuchungen hier sicherlich sinnvoll sind.

Ergänzung: Für den Weitertransport von Kohlenstoff aus der oberflächennahen Ozeanschicht in den tieferen Ozean gibt IPCC in /5/ ca. 100 Gt C/a an (mit der Unsicherheit von »mehr als ± 20 %«). Dieser Wert beruht weitgehend auf Messwerten, er enthält daher bereits alle eventuellen Nicht-Linearitäten durch chemische Umwandlungen und dergleichen und kann daher unmittelbar zur Berechnung der Zeitkonstanten herangezogen werden. Allerdings muss hierzu die enge Kopplung von Atmosphäre und oberflächennaher Ozeanschicht berücksichtigt werden. Es muss also das Inventar in diesen beiden Reservoiren zusammen betrachtet werden. /5/ gibt hierfür ca. 1730 Gt C an (Atmosphäre ca. 830 Gt C, oberflächennahe Ozeanschicht ca. 900 Gt C). Daraus ergibt sich für diesen Entnahmepfad eine Zeitkonstante (Quotient aus Inventar und Entnahmerate) von etwa 17 Jahren! Weil die Biomasse dabei nicht berücksichtigt ist, ist die wahre Zeitkonstante für die Entnahme von CO_2 aus der Atmosphäre insgesamt auf jeden Fall kürzer (Rechenregel: Summe der Kehrwerte, Gleichung (1) in Ziff. 5.3).

Konzentrationsänderung:

Die obigen Ausführungen beziehen sich prinzipiell auf die *Entnahme* von CO_2 aus der Atmosphäre. Über die *Konzentrationsänderung* in der Atmosphäre sagen sie nicht viel aus, weil in die zusätzlich auch der Zufluss von CO_2 zur Atmosphäre eingeht! Das hatten wir schon mehrfach und es wird auch im weiteren Verlauf noch mehrmals auftauchen.

5.16 Störungszeit (adjustment time)

Problembeschreibung:

In Ziff. 2 sind drei Zeitbegriffe angegeben:

- Die »Verweilzeit« (»residence time«) als die Zeit, wie lange die CO_2-Moleküle im Mittel in der Atmosphäre verbleiben,

- die »Zeitkonstante« (»e-folding time«) als die Zeit, in der irgendein Vorgang sich um den Wert 1/e verändert (bei einem abnehmenden Vorgang also ca. 37 % seines Ausgangswertes erreicht),

- die »Störungszeit« (»adjustment time), die angibt, wie schnell die CO_2-Konzentration in der Atmosphäre nach Beendigung einer Störung wieder zurückgeht.

Während die »Verweilzeit« und die »Zeitkonstante« relativ unproblematisch zu sein scheinen, wird in Klimadiskussionen über Bedeutung, Größe und Interpretation der »Störungszeit« und die Unterschiede zu den anderen beiden Zeitbegriffen heftig gestritten. Das soll hier näher untersucht werden.

Verweilzeit und Störungszeit:

Zunächst ein paar Anmerkungen zum Verhältnis zwischen Verweilzeit und Störungszeit: Vom Prinzip her sind das ähnliche Begriffe, nur auf unterschiedliche Sachverhalte bezogen: Die Verweilzeit auf die mittlere Lebensdauer der CO_2-Moleküle, die Störungszeit auf die Veränderung der CO_2-Konzentration. Mathematisch definiert ist die Verweilzeit der Quotient aus dem Inventar und der Ausflussrate (ohne Gegenrechnung des Zuflusses) und die Störungszeit der Quotient aus dem Überschussinventar (Überschuss gegenüber dem neuen Gleichgewicht) und der Abbaurate des Inventars (Netto-Entnahmerate mit Gegenrechnung des Zuflusses; Diskussion kommt noch, auch in Ziff. 6.4). Damit ergibt sich gleich ein wichtiger Unterschied: Die Verweilzeit ist für jeden Zustand definiert, die Störungszeit nur bei Vorliegen einer Störung (im Gleichgewicht ergibt sich für sie der Wert 0/0, da ist sie also nicht definiert)! Nach Meinung von IPCC unterscheiden sich die beiden

Begriffe aber nicht nur diesbezüglich, sondern überhaupt grundlegend: *Insbesondere meint IPCC, dass die Verweilzeit von der Umwälzung abhängig ist, die Störungszeit dagegen nicht.*

Nach IPCC kann es selbst bei hoher Umwälzung und dadurch bedingt sehr kurzer Verweilzeit eine sehr lange Störungszeit geben: Ist die Umwälzung ausgeglichen, sind bei ihr also Zu- und Abfluss gleich groß, dann ist die Störungszeit trotz kurzer Verweilzeit sogar unendlich. Das einfach deshalb, weil eine einmal eingebrachte Zusatzmenge dann überhaupt nicht abgebaut wird. Auch führt dann selbst eine sehr kleine, aber konstant eingebrachte Zusatzmenge nach einiger Zeit zu einer sehr hohen und laufend weiter steigenden Konzentration, weil ja nichts abgebaut wird. Das ist so ähnlich wie ein Fass, das durch einen steten Tropfen zum Überlaufen gebracht wird, selbst wenn das Fass sehr groß ist. Das funktioniert auch dann, wenn der Inhalt des Fasses über eine Umwälzschleife ausgeglichen umgewälzt wird. Es gibt also tatsächlich eine unendliche Störungszeit bei kurzer Verweilzeit. Die beiden Begriffe beschreiben eben unterschiedliche Dinge.

Nur schließt das nicht aus, dass es zwischen diesen beiden Begriffen einen Zusammenhang gibt. Bei der obigen Argumentation wird nämlich stillschweigend unterstellt, dass die (ausgeglichene) Umwälzung ohne jegliche Änderung konstant weiterläuft. Genau das entspricht aber *nicht* der Wirklichkeit im System Erde: Schon in Ziff. 5.13 wurde gezeigt, dass in diesem System der Mechanismus, der überhaupt die Umwälzung bewirkt, *unvermeidbar auch dazu führt, dass die Umwälzung sich verändert, wenn die Konzentration sich ändert!* Damit gelten real völlig andere Randbedingungen als bei den obigen Beispielen, mit ganz erheblichen Konsequenzen: *Störungszeit und Verweilzeit sind dann gerade nicht unabhängig voneinander, sie stehen vielmehr in einem engen Zusammenhang.* In Ziff. 6.4 wird dem weiter nachgegangen.

Hier nur nochmals kurz zurück zum Fass, das durch einen steten Tropfen zum Überlaufen gebracht wird: Durch den steten Tropfen steigt der Wasserspiegel. Wenn die Umwälzung nicht per Vorgabe konstant gehalten wird, sondern die Entnahme proportional mit dem Wasserstand steigt, wie das bei einem realen Fass der Fall ist, dann wird sehr bald Gleichgewicht (Fließgleichgewicht!) erreicht und der Wasserstand steigt nicht mehr weiter! Man sieht sofort: Entscheidend ist, *ob die Umwälzung konstant gehalten wird oder nicht.* In den IPCC-Modellen wird sie konstant gehalten (jedenfalls wird sie fest vorgegeben), in der realen Atmosphäre passt sie sich der Konzentration an. IPCC sieht daher keinen Zusammenhang zwischen den beiden Größen, real besteht ein enger Zusammenhang!

Unabhängig von dieser Grundsatzfrage ergeben sich in der Praxis oft aber auch Probleme durch ungenaue und nicht einheitliche Definitionen des Begriffes »Störungszeit« und durch Schwierigkeiten in der Bestimmung seiner Größe. Das sei jetzt näher untersucht.

Definitionen:

Die Störungszeit soll angeben, wie schnell sich eine einmal aufgebrachte Störung wieder abbaut (Ziff. 2). Oft fehlen jedoch erforderliche Angaben: Es werden einfach irgendwelche (meist hohe) Werte genannt, ohne zu quantifizieren, welcher Rückgang der Störung (bis zu welchem Niveau) denn überhaupt gemeint ist: Bis zur Hälfte, bis auf einen Rest von 1 %, oder bis wohin denn wirklich? Isolierte Zahlen für die Störungszeit und daraus abgeleitete Schlussfolgerungen sind wertlos! Und wenn doch quantifiziert wird, dann häufig unterschiedlich: Manchmal wird die Zeit angegeben, in der die Störung auf den Wert 1/e (ca. 37 %) abgeklungen ist, manchmal aber auch ein völlig anderer Wert. Dann sind die Zahlen nicht vergleichbar!

Uneinheitlich ist auch die Quantifizierung der Störung selbst: Diese wird manchmal definiert als die Abweichung gegenüber dem *alten* Gleichgewicht (vor Aufbringen der Störung), manchmal aber auch als die Abweichung gegenüber dem *neuen* Gleichgewicht (zu dem hin sich die Störung abbaut). Der Bezug auf das alte Gleichgewicht ist naheliegend, weil das eben der Ausgangspunkt ist. Bei einer reversiblen Störung, also bei einer Störung, die sich zum alten Gleichgewicht hin abbaut, ist eine solche Definition durchaus auch benutzerfreundlich, weil die Störungszeit dann eine Konstante ist. Aus einer angegeben Zahl kann dann sofort bewertet werden, wie schnell der Prozess abläuft.

Weniger übersichtlich ist diese Definition aber bei einer irreversiblen Störung, also bei einer Störung, die sich zu einem neuen Gleichgewicht hin abbaut, wie das z. B. bei den CO_2-Freisetzungen aus der Verbrennung fossiler Energieträger der Fall ist. Die Störung verschwindet dann nie ganz. *Man hat zwar wieder Gleichgewicht, aber trotzdem noch eine Störung!* Außerdem ist auf Basis dieser Definition die Störungszeit in einem solchen Fall *keine Konstante!* Die Störungszeit wird dann vielmehr von einem relativ niedrigen Anfangswert ausgehend mit der Zeit immer länger, bis sie bei Erreichen des neuen Gleichgewichtes unendlich ist (kein weiterer Abbau der Störung!). Ohne Zusatzangaben, die meist fehlen, sagt ein angegebener Wert daher gar nichts aus. Aus einem solchen Wert abgeleitete Schlussfolgerungen hängen in der Luft.

Günstiger ist die Definition der Störung mit Bezug auf das *neue* Gleichgewicht. Dann hat man entweder eine Störung oder man hat Gleichgewicht, niemals aber beides gleichzeitig! Und die Störungszeit ist dann *für reversible und für irreversible Störungen eine Konstante.* Gibt man sie als die Zeit für den Abfall auf 1/e (ca. 37 %) an, *dann stimmt die Störungszeit auch mit der »Zeitkonstanten« (»e-folding-time«) für den Abfall überein.* Man bringt also viel mehr Ordnung in die Begriffe hinein. Außerdem lässt die Störungszeit sich dann auch leicht berechnen: Sie ist der Quotient aus der »Störung« und der Abbaurate des Inventars. Die »Störung« ist das zu hohe CO_2-Inventar in der Atmosphäre (Überschuss gegenüber dem neuen Gleichgewicht) und die Abbaurate ist die Netto-Ausflussrate von CO_2 aus der Atmosphäre. In der Literatur wird diese Definition allerdings weniger oft verwendet.

Die unterschiedlichen und oft gar nicht näher angegebenen Definitionen erschweren die Interpretation von genannten Werten und sind die Ursache vieler Irritationen und Missverständnisse. Das Problem ließe sich mit mehr Sorgsamkeit bei geringem Aufwand relativ leicht lösen.

Bestimmung der Größe:

Die Größe der Störungszeit zu bestimmen, ist in der Realität schwierig. Hierzu bräuchte man nämlich Beobachtungen, wie schnell eine erhöhte

CO_2-Konzentration in der Atmosphäre nach Beendigung der Störung wieder abnimmt, wenn man die Atmosphäre sich selbst überlässt. Genau das soll die Störungszeit ja beschreiben. Aber solche Beobachtungen haben wir nicht! Also muss die Störungszeit auf anderem Weg ermittelt werden!

Einschub: Mit dem $^{14}CO_2$ und dessen Abfall haben wir eigentlich ziemlich genau solche Beobachtungen. Nur dürfen diese nach Meinung von IPCC nicht für diesen Zweck genutzt werden, weil IPCC glaubt, dass beim $^{14}CO_2$ nur eine Verdünnung oder Durchmischung vorliegt, die kein Maß für den Austrag von CO_2 ist, siehe Ziff. 5.12. Nähme man das $^{14}CO_2$, käme man zu einem ganz anderen Ergebnis! Dieses Ergebnis würde dann auch mit den anderen Überlegungen hier übereinstimmen. Aber IPCC möchte lieber einen anderen Weg beschreiten. Ende des Einschubs.

Als Ersatz für direkte Beobachtungen ermittelt IPCC die Störungszeit (adjustment time) aus den bekannten anthropogenen Freisetzungen und aus der beobachteten Zunahme der CO_2-Konzentration in der Atmosphäre. Diese Zunahme der CO_2-Konzentration ist aber nichts Anderes als die Differenz zwischen der Summe aller momentanen Zuflüsse zur Atmosphäre und der Summe aller momentanen Ausflüsse aus ihr. Das hatten wir schon mehrfach. Diese Zunahme ist daher gerade *nicht das Ergebnis einer sich selbst überlassenen Atmosphäre*, sondern sie hängt davon ab, *wie viel CO_2 der Atmosphäre von außen zugeführt wird* (und wie viel ihr entnommen wird)!

Nehmen wir einmal an, dass diese Differenz aus allen Zuflüssen und allen Ausflüssen gerade gleich groß ist wie die anthropogenen Freisetzungen es sind: Dann steigt die Konzentration schnell an, eben im Ausmaß der anthropogenen Freisetzungen. Die daraus ermittelte Störungszeit ist dann unendlich (es wird ja nichts abgebaut)!

Einschub: Manchmal kommt es auf Feinheiten der Formulierung an: Der gerade unterstellte Zustand, dass Zu- und Abflüsse sich im Ausmaß der anthropogenen Freisetzungen unterscheiden, kann auch beschrieben werden mit: »*Es verbleibt genau so viel CO_2 in der Atmosphäre, wie ihr anthropogen zugeführt wird*«. Das ist neutral. Es wird *nicht gesagt, welches* CO_2 verbleibt.

IPCC drückt sich aber anders aus: IPCC sagt, dass »*das gesamte anthropogen freigesetzte CO_2 in der Atmosphäre verbleibt*«. Das ist nicht mehr neutral. *Es wird gesagt, welches CO_2 verbleibt.* Das setzt voraus, dass man einzelne CO_2-Ströme durch die Atmosphäre hindurch verfolgen kann, also welche CO_2-Moleküle wohin wandern, bzw. wo sie verbleiben. Das ist aber infolge der guten Durchmischung nicht möglich! Es verbleibt nicht »*das anthropogene CO_2*« in der Atmosphäre, sondern es verbleibt »*so viel CO_2, wie …*«! Woher das verbleibende CO_2 kommt, wissen wir nicht (genauer: Es kommt aus allen Quellen proportional zu ihrer Stärke!). Mit der IPCC-Formulierung wird bereits ein Sachverhalt unterstellt, der physikalisch nicht vorliegt. Ende des Einschubs.

Als nächstes nehmen wir an, dass die Differenz zwischen allen Zu- und allen Abflüssen kleiner ist als die anthropogenen Freisetzungen: Dann wächst die Konzentration langsamer und die so ermittelte Störungszeit ist endlich. Je kleiner die angegebene Differenz ist, desto kürzer ist die Störungszeit.

Im Moment haben wir gerade den Zustand, bei dem die angegebene Differenz halb so groß ist wie die anthropogenen Freisetzungen. Es verbleibt daher halb so viel, wie anthropogen freigesetzt wird, es verbleibt aber nicht »die Hälfte der anthropogenen Freisetzungen«!

Ist die angegebene Differenz null (bleibt die CO_2-Konzentration also trotz der anthropogenen Freisetzungen konstant; nach der Ausdrucksweise von IPCC: Verbleibt also *nichts von den anthropogenen Freisetzungen* in der Atmosphäre), dann ist die so ermittelte Störungszeit auch null! Sinkt die CO_2-Konzentration sogar (weil weniger zugeführt wird oder weil eine Senke effektiver wird), dann ergibt sich überhaupt eine *negative Störungszeit!*

Das ist jeweils die Folge des angewendeten Ermittlungsverfahrens für die Störungszeit: *Dieses betrachtet eben nicht eine sich selbst überlassene Atmosphäre, sondern es betrachtet die externen Einflüsse auf die Atmosphäre!* Das Ermittlungsverfahren untersucht gar nicht »die Atmosphäre«, sondern es untersucht »die externen Einflüsse auf die Atmosphäre«. Die bestimmen die Entwicklung der CO_2-Konzentration. Heraus kommt das Ergebnis, das durch Vorgabe der externen Einflüsse festgelegt wird. Verkauf wird es aber als »Eigenschaft der Atmosphäre«.

Konsequenzen:

Absicht und Ergebnis gehen auseinander: *Gedacht* ist die Störungszeit als Maß dafür, wie schnell eine Störung sich nach ihrer Beendigung wieder abbaut. *Tatsächlich errechnet* man mit dem beschriebenen Ermittlungsverfahren aber *etwas völlig anderes!* Man nennt es nur weiterhin »Störungszeit«. Und zieht daraus Schlussfolgerungen, die man nur aus einer echten Störungszeit im angedachten Sinne ziehen dürfte!

Wie schon gesagt, die so ermittelte »Störungszeit« gibt *nicht* an, wie schnell die Atmosphäre zu viel vorhandenes CO_2 von sich aus wieder abgibt, sondern sie beschreibt stattdessen, welchen Verlauf die CO_2-Konzentration in der Atmosphäre *als Folge der vorgegebenen externen Einflüsse* nimmt! Es ist eben keine »Anpassungszeit« (»adjustment time«), die beschreibt, wie die Atmosphäre sich nach Beendigung der Störung anpasst. Sondern es ist eine »aufgezwungene Zeit«, die den äußeren Zwang auf die Atmosphäre beschreibt. Im Englischen könnte man vielleicht von »enforced time« sprechen. Wenn man genauer hinsieht, entspricht dieser »aufgezwungenen Zeit« *gar kein physikalischer Ablauf in der Atmosphäre.* Die Atmosphäre folgt vielmehr nur dem äußeren Zwang und die ermittelte »Störungszeit« beschreibt bloß dessen Stärke.

Die anthropogenen Freisetzungen betragen derzeit etwa 4 ppm/a und die CO_2-Konzentration nimmt um ca. 2 ppm/a zu. Mit dem angegebenen Ermittlungsverfahren erhält man aus diesen Werten eine sehr lange »Störungszeit«, mehrere Jahrhunderte. Diese lange Störungszeit ist dann angeblich der »Beweis« für die *Existenz von zwei unterschiedlichen Zeitkonstanten:* Eben dieser so ermittelte langen »Störungszeit« (die gar keine Störungszeit ist!) und der viel kürzeren »Verweilzeit« (die durch die Umwälzung bestimmt wird). Dabei gelten diese unterschiedlichen Zeiten nicht für individuelle Moleküle, die werden ja infolge der Umwälzung alle rasch ausgetauscht, sondern die »Störungszeit« gilt für so viele CO_2-Moleküle, wie anthropogen freigesetzt werden, und die Verweilzeit gilt für so viele CO_2-Moleküle, wie natürlich freigesetzt werden!

Abgesehen davon, dass es völlig unklar ist, wie ein solch unterschiedliches Verhalten in einer gut durchmischten Atmosphäre überhaupt funktionieren soll, wird dabei völlig übersehen, dass mit dem beschriebenen Ermittlungsverfahren gerade *keine Störungszeit* errechnet wird! Es wird vielmehr eine »aufgezwungene Zeit« errechnet, die über die Atmosphäre selbst *nichts aussagt*. Der »Beweisführung« für die zwei unterschiedlichen Zeiten für die Entnahme von CO_2 aus der Atmosphäre fehlt jede physikalische Grundlage! Es gilt weiterhin: *Für eine gut durchmischte Atmosphäre gibt es für die Entnahme von CO_2 nur eine Zeitkonstante, die ist für alle Moleküle gleich und sie ist bei hoher Umwälzung zwangsweise kurz.*

Hinweis 1: Im Grunde ist das mit der »Störungszeit« der gleiche Fehler, wie wir ihn schon beim Münzen-Modell (Ziff. 5. 6) kennen gelernt haben: *Das Ergebnis wird durch gezielt gewählte äußere Einflüsse vorgegeben und dann als der Atmosphäre eigenes Verhalten ausgegeben!*

Hinweis 2: Greifen wir nochmals den Fall heraus, in dem – nach der Ausdrucksweise von IPCC – alles anthropogene CO_2 in der Atmosphäre verbleibt. Das ist genau das »ungestörte Gleichgewicht« mit unverändertem Zu- und Abfluss, von dem IPCC nach eigenen Angaben prinzipiell ausgeht. In diesem Fall werden zwar Moleküle ausgetauscht, aber nicht netto entnommen. Das Ermittlungsverfahren ergibt daher, wie dargelegt, eine unendliche »Störungszeit«. Und das unabhängig von der Umwälzung! Das ist eben eine Folge davon, dass das, was ermittelt wird, gerade keine Störungszeit ist und dass der Atmosphäre genau die Umwälzung fest vorgegeben wird, bei der so viel CO_2 in ihr verbleibt, wie anthropogen freigesetzt wird. Lässt man demgegenüber zu, dass die Umwälzung *sich selbst einstellt*, so, wie es die physikalischen Gesetze bei den gerade herrschenden Randbedingungen bewirken (Ziff. 5.13), *dann hat die Umwälzung auch Einfluss auf die Entnahme von CO_2 aus der Atmosphäre!* Präzisierung: In den Ziff. 6.3 und 6.5 wird gezeigt, dass die Umwälzung real nicht nur »Einfluss auf die Entnahme« hat, sondern dass diese Entnahme *ausschließlich durch die (unausgeglichene) Umwälzung* *erfolgt!* Modelle, die die Störungszeit unabhängig von der Umwälzung ermitteln, können daher von ihrem Ansatz her keine richtigen Ergebnisse liefern!

Zur Klarstellung: Wenn die Umwälzung vorgegeben wird, ausgeglichen oder auch nicht, dann übt sie genau den vorgegebenen Einfluss auf die CO_2-Konzentration aus. Die Konzentration folgt dann eben nicht mehr dem Eigenverhalten der Atmosphäre, sondern dem ihr aufgezwungenen Verhalten. Wird demgegenüber zugelassen, dass die Umwälzung sich nach physikalischen Gesetzen an geänderte Konzentrationen anpasst, dann bestimmt *die sich ergebende Unausgeglichenheit der Umwälzung,* wie schnell (mit welcher Zeitkonstanten) eine Störung wieder abgebaut wird! *Diese Zeitkonstante ist dann die Störungszeit, sie gilt für alle Moleküle gleich und sie unterscheidet sich nicht wesentlich von der Verweilzeit* (in Ziff. 6.3 wird das nochmals aufgegriffen).

Reversible und irreversible Störungen:

Wie schon gesagt, ist es auch wichtig, woher das zusätzliche CO_2 (die Störung der Atmosphäre) kommt: Kommt es z. B. aus der Verbrennung von Biomasse oder durch Ausgasen aus dem Ozeanwasser, dann ist das eine *Umlagerung von Kohlenstoff* innerhalb des kurzfristigen Kohlenstoffkreislaufes, aus einem Reservoir in ein anderes, ohne Änderung der Gesamtmenge in diesem Kreislauf. Es ist also eine *reversible* Störung und die baut sich, wenn man das System sich selbst überlässt, *zurück zum alten Gleichgewicht* ab! In der Atmosphäre verbleibt dann *kein zusätzliches CO_2.*

Kommt die Störung jedoch z. B. aus der Verbrennung fossiler Energieträger, dann steigt dadurch die gesamte Kohlenstoffmenge im kurzfristigen Kohlenstoffkreislauf an. Das ist für diesen Kreislauf eine *irreversible* Störung und eine solche baut sich *hin zu einem neuen Gleichgewicht* ab! In diesem verteilt sich das zusätzliche CO_2 so auf alle verfügbaren Speicher, dass *überall die gleiche Konzentration* davon vorhanden ist. Ein Teil verbleibt also in der Atmosphäre, die erreicht *nicht mehr ihre Ausgangskonzentration!* Infolge der Größenverhältnisse ist der Unterschied zu einer reversiblen Störung nicht allzu groß, aber er ist eindeutig da. Jedenfalls für die Gleichgewichtslage. Die stellt sich infolge der Größe des Ozeans und der langsamen Meeresströmungen aber erst nach langer Zeit ein. *Bis dahin ist das dynamische Verhalten entscheidend, welches insbesondere durch die Zeitkonstante beschrieben wird.* Also ist vor allem die Zeitkonstante wichtig! Die hatten wir schon in Ziff. 5.14 kurz besprochen, hier soll das noch etwas ausführlicher geschehen:

Der *Netto*-Austrag von CO_2 aus der Atmosphäre erfolgt *immer proportional zum Konzentrationsgefälle* zwischen der Atmosphäre und der jeweiligen Senke (Partialdruckunterschied). Nehmen wir einmal an, es gäbe eine unendlich große Senke. Dann würde sich die CO_2-Konzentration in ihr durch Eintrag einer endlichen CO_2-Menge nicht ändern. Jede Störung in der Atmosphäre würde sich daher vollständig zurück zum Ausgangsniveau hin abbauen. Dieser Abbau erfolgte streng nach einer Exponentialfunktion mit einer festen Zeitkonstanten.

Real gibt es aber nur endlich große Senken. In dem Maße, in dem eine solche Senke CO_2 aus der Atmosphäre aufnimmt, erhöht sich die CO_2-Konzentration in ihr. Das reduziert das Konzentrationsgefälle. Als Folge davon wird die Netto-Entnahme von CO_2 aus der Atmosphäre in diese Senke langsamer als sie bei unendlicher Größe der Senke wäre. Da das neue Gleichgewicht aber bereits früher erreicht wird, bei noch höherer Konzentration in der Atmosphäre, muss der Atmosphäre bis dorthin auch nur weniger CO_2 entnommen werden. Es wird also *pro Sekunde weniger* entnommen (langsamer) und es wird *insgesamt weniger* entnommen. Die beiden Einflüsse gleichen sich gerade aus, sodass der Rückgang der CO_2-Konzentration in der Atmosphäre in beiden Fällen *nach der gleichen Kurve* erfolgt. Nach der gleichen Kurve heißt, dass er *mit derselben Zeitkonstanten* erfolgt! Daraus folgt dann, dass diese Zeitkonstante *generell unabhängig von der Größe der Senke ist:* Wenn sie für eine endlich große Senke gleich groß ist wie bei unendlicher Größe dieser Senke, dann ist sie für *jede* endliche Größe dieser Senke gleich groß, egal, wie groß die Senke wirklich ist! *Die Größe der Senke beeinflusst die Lage des (neuen) Gleichgewichtes, nicht aber die Zeitkonstante, mit der die Störung abgebaut wird!*

Zur Klarstellung: Diese Ausführungen beziehen sich vor allem auf die Unterschiede zwischen reversiblen und irreversiblen Störungen. Sie gelten unabhängig davon, wie schnell die Relaxation der Störung an sich abläuft, also *unabhängig von der absoluten Größe der Zeitkonstanten*. Genau genommen gelten sie zwar nur für lineare Systeme, aber wie in Ziff. 5.15 gezeigt, erfolgt der Abbau von CO_2 aus der Atmosphäre ausreichend linear, um solche Betrachtungen anstellen zu können.

Weitergehende Betrachtung: Die gesamte Unterscheidung zwischen reversiblen und irreversiblen Störungen ist bis zu einem gewissen Grad problematisch: Erstens, weil wir nicht wissen, wie viel des zusätzlich in die Atmosphäre freigesetzten CO_2 aus dem kurzfristigen und wie viel aus dem langfristigen Kohlenstoffkreislauf kommt (Kohleverbrennung, Zementherstellung, Waldrodung, Ausgasen aus dem Ozean durch Erwärmung, weitere Quellen). Und zweitens, weil es irreversible Störungen mit zugehörigem neuem Gleichgewicht nur im kurzfristigen Kohlenstoffkreislauf gibt. Diesen unterscheiden wir Menschen bis zu einem gewissen Grad willkürlich vom langfristigen Kohlenstoffkreislauf (was gehört wohin?), um manche Dinge einfacher beschreiben zu können. In der Natur gibt es aber genau genommen nur einen, den langfristigen Kohlenstoffkreislauf. In ihm sind alle Störungen reversibel und es gibt nur *ein* Gleichgewicht! Dieses wurde allerdings glücklicherweise noch nie erreicht. Glücklicherweise, weil es auf jeden Fall bei so niedrigem CO_2-Gehalt in der Atmosphäre liegt, dass alles Leben auf der Erde, wie wir es kennen, erlöschen würde. Aus dieser Sicht verlängern die anthropogenen Freisetzungen die Zeitspanne, in der es Leben auf der Erde gibt! Vielleicht werden spätere Generationen einmal dankbar für unsere Kohleverbrennungen sein? Wie auch immer, zurzeit und in den nächsten paar Jahrhunderten wird das Geschehen sowieso praktisch nur durch die Zeitkonstante bestimmt und die ist ohnehin unabhängig von der Art der Störung und von der Lage des Gleichgewichtes im kurzfristigen Kohlenstoffkreislauf.

5.17 Die falsche Antwort auf eine gute Frage

IPCC geht von der naheliegenden Frage aus: »*Was geschieht denn mit dem anthropogen freigesetzten CO_2?*« Und IPCC antwortet, dass etwa *die Hälfte* *davon in der Atmosphäre verbleibt* und die andere Hälfte wieder ausgeschieden wird. Auf diese Antwort baut IPCC dann seine Modelle auf.

Dass »50 % verbleiben« nicht richtig sein kann, wurde schon in Ziff. 5.10 gezeigt. Die richtige Antwort auf die oben gestellte Frage kann nur lauten: »*Das gesamte anthropogen freigesetzte CO_2 wird mit dem übrigen CO_2 in der Atmosphäre gut durchmischt*«. Ende der Antwort, mehr kann man nicht sagen! Von da ab hat das anthropogen freigesetzte CO_2 *kein eigenes Schicksal mehr*. Es ist nur mehr ein *nicht mehr unterscheidbarer Teil* vom atmosphärischen »Gesamt-CO_2«. Nurmehr dieses unterliegt dem weiteren Geschehen. Zuflüsse erhöhen seine Menge (und verändern dabei ggf. die Zusammensetzung, bei weiterhin guter Durchmischung), Senken reduzieren seine Menge (ohne die Zusammensetzung zu beeinflussen). Und durch das gemeinsame und gleichzeitige Wirken von Quellen und Senken entsteht die intensive natürliche Umwälzung des CO_2 zwischen Atmosphäre, Ozean und Biosphäre, die ihre eigenen Folgen bewirkt.

Da die Senken für CO_2 aus der Atmosphäre ihre CO_2-Moleküle *nicht selektiv nach deren Herkunft auswählen* können, kann das CO_2, das sie der Atmosphäre entnehmen, auch nicht einer bestimmten Quelle zugeordnet werden. Die Senken entnehmen einfach einen Teil des »Gesamt-CO_2«. Genauso wenig kann das in der Atmosphäre verbleibende CO_2 einer bestimmten Quelle zugeordnet werden. Es gibt nur mehr die Summenbetrachtung: Wenn die *Summe aller Senken* gegenüber der *Summe aller Quellen* überwiegt, dann sinkt die CO_2-Konzentration, im gegenteiligen Fall steigt sie. Die gesamte Gruppenbetrachtung von IPCC beruht auf der geschilderten falschen Antwort auf eine gute Frage! Bei der richtigen Antwort lässt sich das CO_2 in der Atmosphäre nicht mehr in Gruppen unterteilen. »Natürliches« und »anthropogenes« CO_2 sind, einmal in die Atmosphäre freigesetzt und dort gut vermischt, keine voneinander trennbaren Gruppen mehr.

Zur Klarstellung: Entnahme und Konzentrationsänderung *sind zwei unterschiedliche* Dinge. Infolge der Gleichheit aller Moleküle erfolgt die Entnahme von CO_2 aus der Atmosphäre für alle Moleküle gleich. Das ist *immer* so und für diese Entnahme gibt es *nur eine Zeitkonstante*. Diese Zeitkonstante sagt aber *nur dann* auch etwas über die Konzentrationsänderung aus, wenn die Atmosphäre *sich selbst überlassen wird* (genauer: den Gesetzen der Physik überlassen wird, siehe Ziff. 5.16)! Dann beschreibt diese Zeitkonstante auch die Konzentrationsänderung und damit auch den Abbau einer Störung. Anderenfalls, wenn die CO_2-Bilanz der Atmosphäre durch äußere Einflüsse (Zuflüsse und Abflüsse) vorgegeben wird, dann ändert sich die CO_2-Konzentration der Atmosphäre eben nach dieser Vorgabe und der zeitliche Verlauf der Konzentration sagt dann nichts über den Abbau einer Störung aus! Nach der Durchmischung passiert mit dem anthropogen freigesetzten CO_2 nichts anderes als mit dem natürlich freigesetzten CO_2. Es geschieht nur mehr mit dem durchmischten »Gesamt-CO_2« etwas: Es wächst, es bleibt gleich oder es wird weniger! Und es unterliegt der starken natürlichen Umwälzung. In herkunftsabhängige Teilmengen lässt sich dieses »Gesamt-CO_2« in der Atmosphäre nicht unterteilen! IPCC wird durch die falsche Antwort auf eine an sich gute Frage zu unzulässigen Schlüssen verleitet.

Ergänzung: Wenn man von »Durchmischung« spricht, muss man aufpassen: Eigentlich haben wir zwei Arten von Durchmischung: Erstens die Durchmischung innerhalb der Atmosphäre. Diese Durchmischung wird durch Wind und Wetter bewerkstelligt und sie sorgt für eine homogene Verteilung aller CO_2-Moleküle in der Atmosphäre. Damit können nicht mehr getrennte Pfade durch die Atmosphäre hindurch nachverfolgt werden. Zweitens die Durchmischung des CO_2 in der Atmosphäre mit dem CO_2 in den Reservoiren »Ozean« und »Biomasse«. Diese Durchmischung wird durch die natürliche Umwälzung von CO_2 bewerkstelligt und sie sorgt für gleiche Partialdrücke in den drei Reservoiren. Letztlich sorgt sie dafür, dass nur 2 % des anthropogen freigesetzten CO_2 in der Atmosphäre verbleiben, gut durchmischt mit dem natürlich freigesetzten CO_2 (Ziff. 5.10).

5.18 Weitere Modelle

Neben den IPCC-Modellen gibt es in der Literatur noch einen weiteren Modelltyp, der von einem Verbleib von 50 % der anthropogenen Freisetzungen in der Atmosphäre ausgeht, siehe z. B. /13/. Für die Umwälzung wird dabei angenommen, dass die natürliche CO_2-Freisetzung seit 1750 unverändert geblieben ist, während die CO_2-Entnahme durch Ozean und Biomasse (die gesamte Entnahme, nicht die Netto-Entnahme) sich so verändert hat, dass sich eben dieser Verbleib von 50 % der anthropogenen Freisetzungen ergibt. 50 % Verbleib heißt, dass die anderen 50 % entnommen werden. 50 % sind 2 ppm/a. Die Entnahme ist daher heute um 2 ppm/a größer als sie 1750 war. Bis zu diesem Punkt stimmen diese Modelle prinzipiell mit dem Ansatz von IPCC überein.

Der weitere zentrale Ansatz in diesen Modellen besteht dann in der Annahme, dass die heutige Netto-Entnahme von 2 ppm/a eine unmittelbare Folge der von 280 auf 410 ppm gestiegenen Konzentration ist. Bei einer Beendigung der anthropogenen Freisetzungen bleibt diese Netto-Entnahme zunächst aufrecht, um dann von diesem Anfangswert ausgehend bis auf null bei Erreichen der alten Gleichgewichtskonzentration von 280 ppm abzunehmen. Je nach Detailannahmen ergibt das eine Zeitkonstante (Abnahme auf ca. 37 %) im Bereich von ca. 50 bis 80 Jahren. Das ist viel kürzer als die IPCC-Angaben für die Störungszeit von mehreren Jahrhunderten, was zu beweisen Zweck der Modelle ist. Aber es ist immer noch viel länger als die durch die Umwälzung bedingte Verweilzeit von ca. 4 Jahren, was aufklärungsbedürftig ist.

Bei genauerer Betrachtung gehen auch diese Modelle davon aus, dass die anthropogenen CO_2-Moleküle auf ihrem Weg durch die Atmosphäre hindurch verfolgt werden können: Die eine Hälfte wird rasch wieder ausgeschieden, die andere Hälfte verbleibt zunächst dort und wird dann nur recht langsam ausgeschieden. Aber, wie schon mehrfach dargelegt, ist das infolge der Durchmischung der Atmosphäre und der Abhängigkeit der Umwälzung von der Konzentration nicht möglich. Auch diese Modelle können die Wirklichkeit daher nicht richtig wiedergeben.

Außerdem kann *kein physikalischer Prozess benannt werden*, der die Annahme stützt, die (gesamte) CO_2-Entnahme würde bei einer Erhöhung der Konzentration von 280 ppm auf 410 ppm nur um 2 ppm/a zunehmen. Ohne Prozess kann es kein aussagekräftiges Modell geben! Das hatten wir schon in Ziff. 5.10. Die (gesamte) Entnahme muss vielmehr *proportional mit dem*

Konzentrationsanstieg mitwachsen. Bei 410 ppm muss sie daher um ca. 50 % höher sein als sie bei 280 ppm war. Um trotz dieser hohen Entnahme einen *Zuwachs* der Konzentration von 2 ppm/a zu haben, muss die Gesamt-Freisetzung (einschließlich der anthropogenen Freisetzungen) noch stärker angestiegen sein als die Entnahme, eben um 2 ppm/a stärker. Wir sind wieder bei der Notwendigkeit einer wesentlichen zusätzlichen Quelle! Die 4 ppm/a anthropogenes CO_2 genügen bei weitem nicht, die Beobachtungen zu erklären.

Darüber hinaus haben diese Modelle noch ein weiteres Problem: Die anthropogenen Freisetzungen stammen im Wesentlichen aus der Verbrennung fossiler Energieträger. Sie stellen daher eine irreversible Störung mit Zufuhr von Kohlenstoff zum kurzfristigen Kohlenstoffkreislauf dar. Die Störung baut sich demgemäß nicht wieder auf den alten Gleichgewichtszustand ab, 280 ppm können deshalb gar nicht wieder erreicht werden. Auch da entsprechen diese Modelle nicht den physikalischen Grundlagen, auch wenn diese Abweichung nur klein sein dürfte. Insgesamt helfen diese Modelle wohl nicht weiter.

5.19 Erfolg von CO₂-Reduzierungsmaßnahmen

Vielfach wird argumentiert, dass selbst nach einem Stopp aller anthropogenen Freisetzungen die CO_2-Konzentration in der Atmosphäre kaum abnehmen würde. Jede Abnahme würde vielmehr unmittelbar durch Nachlieferung aus dem riesigen Reservoir »Ozean« sofort wieder aufgehoben bzw. auf einen bedeutungslos kleinen Rest reduziert werden (was wohl nur eine andere Beschreibung des angeblichen Sachverhaltes einer sehr langen »Störungszeit« für das anthropogene CO_2 ist). Die Konzentration könne daher gar nicht entscheidend sinken. Um drohende Klimafolgen zu vermeiden, müssten daher zusätzlich zu einer völligen Beendigung aller anthropogenen Freisetzungen auch *aktive Rückholmaßnahmen* ergriffen werden. Solche wären z. B. das technische Einfangen von CO_2 aus der Atmosphäre oder das Anpflanzen von Bäumen. Irgend so etwas müssten wir jedenfalls tun, großmaßstäblich und mit erheblichen Anstrengungen!

Diese Argumentation ist in ihrem ersten Teil (kaum Absinken der Konzentration nach Beenden der anthropogenen Freisetzungen) prinzipiell richtig, auch wenn man genauer auf die Quantitäten achten muss (kommt gleich). In ihrem zweiten Teil (aktive Rückholmaßnahmen erforderlich) ist sie eindeutig falsch: *Wenn eine Abnahme der Konzentration in der Atmosphäre durch Nachlieferung aus dem Ozean praktisch unmöglich gemacht wird, dann gilt das auch, wenn diese Abnahme durch aktive Rückholmaßnahmen erreicht werden soll!* Solche Maßnahmen können die Konzentration in der Atmosphäre dann eben nicht nennenswert reduzieren. Also braucht man sie auch nicht.

Damit zum ersten Teil der Argumentation: Es ist richtig, dass die Rücklieferung von CO_2 aus dem Ozean die Abnahme der Konzentration begrenzt. Sie kann sie aber nicht verhindern! Solange die Entnahme größer ist als die Rücklieferung, muss die Konzentration abnehmen! Diese Abnahme erfolgt rasch, mit einer Zeitkonstanten entsprechend dem Quotienten aus dem Inventar (410 ppm) und der Ausflussrate (gesamter Ausfluss). In Ziff. 5.8 wurde der Wert zu etwa 3,5 Jahren abgeschätzt. Dass diese Zeitkonstante unabhängig davon ist, wie viel CO_2 »überschüssig« ist, haben wir schon mehrfach gesehen und dass sie sich durch eine konstante Nachlieferung nicht ändert, haben wir auch schon gesehen (Ziff. 5.12).

Wenn wir die anthropogenen Freisetzungen beenden, stellt sich also auf jeden Fall sehr rasch (eben mit einer Zeitkonstanten von etwa 3,5 Jahren!) ein neues Gleichgewicht ein. Die Frage ist nur, wo dieses neue Gleichgewicht liegt. Weil die anthropogenen Freisetzungen rund 5 % der gesamten Freisetzungen betragen, muss es etwa 5 % unter dem heutigen Wert liegen (z. B. Ziff. 5.12). Statt 410 ppm (was noch nicht einmal voll das Gleichgewicht ist) hätten wir dann vielleicht ca. 390 ppm! Mehr geht nicht. Um einen stärkeren Rückgang zu erreichen, müssten wir auch die »übrigen« Freisetzungen reduzieren! Diese setzen sich aus den 80 ppm/a aus dem alten Gleichgewicht, das sich angeblich ohnehin durch nichts verändert, und aus einer zusätzlichen Quelle von ca. 35 ppm/a zusammen, die wir noch gar nicht kennen (Ziff. 5.8). Einen Prozess, mit dem wir diese »übrigen« Freisetzungen reduzieren können, kennen wir nicht. Es wird uns daher wohl auch nicht gelingen!

Es stimmt also, infolge der Rücklieferungen aus dem Ozean (und in kleinerem Maße vielleicht auch aus der Biomasse) können alle Maßnahmen zur Eindämmung *unserer* CO_2-Freisetzungen nur einen *sehr bescheidenen Erfolg* haben, weil wir auf diese Art die Gesamtfreisetzung nur sehr wenig reduzieren! Wenn wir Klimaschutz durchführen müssen (oder auch nur vorsorglich betreiben wollen), dann sollte der in *Anpassungen an mögliche Klimaänderungen* bestehen, auch wenn das für manche Menschen ein Tabubruch ist! Wenn tatsächlich eine erhebliche zusätzliche CO_2-Quelle existiert, wovon wir nach den Überlegungen in dieser Arbeit ausgehen müssen, dann kann eine Reduktion der anthropogenen Freisetzungen ganz einfach nicht viel bewirken! Die Reduktionsmaßnahmen kosten Geld, sie bringen aber keinen adäquaten Nutzen! Es gibt bessere Verwendungen für das Geld.

6 Ein verbessertes Modell

Wie gezeigt, können die Kohlenstoffkreislaufmodelle des IPCC das reale Geschehen in der Atmosphäre nicht ausreichend gut beschreiben. Um zuverlässigere Ergebnisse zu erhalten, müssen andere Modelle eingesetzt werden. Ein Vorschlag hierzu folgt in Ziff. 6.2 mit Diskussion anschließend.

6.1 Anforderungen an ein Modell

Wie aber muss ein »besseres« Modell überhaupt aussehen? Vieles hierzu ergibt sich aus den bisherigen Ausführungen in diesem Buch. Zur besseren Übersichtlichkeit seien nachfolgend die realen Verhältnisse in der Atmosphäre kurz zusammengefasst, denen ein aussagekräftiges Modell genügen muss:

1. Die Atmosphäre ist durch Wind und Wetter gut durchmischt.

2. Als Folge davon sind Konzentration und Zusammensetzung der CO_2-Moleküle überall in der Atmosphäre gleich.

3. Die Gleichheit aller CO_2-Moleküle und die gute Durchmischung der Atmosphäre führen dazu, dass für alle CO_2-Moleküle in der Atmosphäre nicht mehr angegeben werden kann, aus welchem Zufluss sie in die Atmosphäre gekommen sind. Daher entnimmt auch jede Senke die gleiche Mischung aller Zuflüsse. Es gibt keinen Durchfluss einer bestimmten CO_2-Menge aus einer bestimmten Quelle durch die Atmosphäre hindurch hin zu einer bestimmten Senke.

4. Die (momentane) Entnahme von CO_2-Molekülen aus der Atmosphäre wird ausschließlich durch die (momentane) Konzentration dieser Moleküle in der Atmosphäre bestimmt. Einen weiteren Einfluss darauf hat nur noch der jeweilige (momentane) Zustand der Senken (CO_2-Partialdruck in diesen). Die Zuflüsse zur Atmosphäre und die zeitliche Entwicklung der Konzentration in der Atmosphäre haben keinen Einfluss auf die (momentane) Entnahme.

Zur Erinnerung: Die Entnahme von CO_2-Molekülen alleine sagt noch nichts über die CO_2-Bilanz der Atmosphäre aus, die ergibt ich erst als Differenz zwischen Entnahme und Zufluss!

5. Die Zeitkonstante für die Entnahme von CO_2 aus der Atmosphäre ist für alle CO_2-Moleküle die gleiche. Diese Zeitkonstante wird durch die Geschwindigkeit der Entnahme (Summe aller Entnahmen!) bestimmt. *Sie ist also ganz wesentlich abhängig von der Höhe der Umwälzung!*

6. Diese Umwälzung ist von zentraler Bedeutung. Sie ist keine Eigenschaft der isolierten Atmosphäre, sondern eine Systemeigenschaft des kompletten kurzfristigen Kohlenstoffkreislaufes. Zustande kommt sie als Folge der überall gleichen CO_2-Konzentration in der Atmosphäre (gute Durchmischung!) und regional und zeitlich unterschiedlicher CO_2-Partialdrücke in den Senken. Insgesamt wird jährlich etwa ein Viertel des CO_2-Inventars der Atmosphäre umgewälzt. Die genaue Größe von Zu- und Ausfluss kennen wir nicht, diese Flüsse sind aber auf jeden Fall ca. 20 Mal größer als die anthropogenen Freisetzungen! Im Gleichgewicht ohne zusätzliche Einspeisung müssen sie ausgeglichen sein.

7. Erhöht sich die CO_2-Konzentration in der Atmosphäre, verschieben sich die Partialdruckdifferenzen, die Umwälzung wird unausgeglichen und wirkt so der Störung entgegen.

8. Bei einer einmaligen Störung baut die durch die Störung verursachte unausgeglichene Umwälzung diese Störung rasch zu einem neuen Gleichgewicht hin ab (bei einer reversiblen Störung ist das identisch mit dem alten Gleichgewicht). Bei konstanten anthropogenen Freisetzungen erhöht sich die CO_2-Konzentration in der Atmosphäre und mit ihr erhöht sich auch die durch die unausgeglichene Umwälzung bewirkte laufende Netto-Entnahme von CO_2 aus der Atmosphäre. Das geht so lange, *bis diese Netto-Entnahme gleich groß ist* wie die anthropogenen Freisetzungen. Dann ist die Summe aller Zuflüsse zur Atmosphäre (inklusive der anthropogenen Freisetzungen) wieder gleich groß wie die Summe aller Abflüsse aus ihr. Wir haben ein neues Gleichgewicht in der Atmosphäre, *mit erhöhter CO_2-Konzentration, aber mit unausgeglichener Umwälzung!* Dieses neue Gleichgewicht in der Atmosphäre ist ein »Fließgleichge-

wicht«, bei dem der (kurzfristige) Kohlenstoffkreislauf insgesamt nicht im Gleichgewicht ist, weil ihm laufend CO_2 aus den anthropogenen Freisetzungen zugeführt wird.

Anmerkung: Die Partialdruckgefälle zwischen Atmosphäre und Ozean ändern sich in den warmen und in den kalten Zonen um den gleichen Betrag (Abb. 1, Parallelverschiebung der roten Linie, unveränderte blaue Linie). Das muss aber nicht auch für den Zufluss zur Atmosphäre und den Abfluss aus ihr so gelten. Diese hängen nämlich auch noch von anderen Größen ab, z.B. von der räumlichen und zeitlichen Verteilung der Partialdruckgefälle. Zu- und Abfluss können sich daher auch unterschiedlich stark ändern. Für die CO_2-Bilanz in der Atmosphäre entscheidend sind jedoch ohnehin nicht die einzelnen Flussgrößen, sondern immer nur die Differenz, die sich in der Umwälzung einstellt. Und die stellt sich nun einmal so ein, dass bei konstanter Freisetzung diese durch die Differenz in der Umwälzung gerade aufgewogen wird. Wie sich diese Differenz in der Umwälzung genau auf Zu- und Abfluss aufteilt, kann insofern dahingestellt bleiben.

9. Real sind die anthropogenen Freisetzungen nicht konstant, sondern sie nehmen langsam zu. Infolge der sehr viel höheren Umwälzung und der nur langsamen Zunahme sollte der Abstand zum Fließgleichgewicht aber nur recht klein sein.

10. Alle CO_2-Moleküle in der Atmosphäre unterliegen dieser Umwälzung.

11. Zum zeitlichen Ablauf: Die Diffusionsprozesse durch die Grenzfläche zwischen Luft und Wasser verlaufen sehr schnell. Das ist die Basis für die hohe Umwälzrate der Atmosphäre. Und die wiederum sorgt für einen immer nur kleinen Abstand zum Fließgleichgewicht in der Atmosphäre, zumindest solange die Zuflüsse zur Atmosphäre nur langsam steigen.

6.2 Das »Umwälz-Modell«

Das nachfolgend vorgestellte Modell geht auf verschiedene Vorschläge in der Literatur zurück (unter anderem auch in /7/), die hier weiterentwickelt wurden. Infolge der Bedeutung, die die Umwälzung in ihm spielt, sei es »Umwälz-Modell« genannt.

In seiner einfachsten Form ist das Modell in Abb. 3 dargestellt: Es besteht aus zwei Wasserbehältern. Der linke repräsentiert die Atmosphäre, der rechte die beiden Senken Ozean und Biomasse zusammengefasst. Der Wasserfüllstand entspricht der jeweiligen CO_2-Konzentration, das Wasservolumen dem jeweiligen CO_2-Inventar. Entsprechend den realen Verhältnissen ist der rechte Behälter (Senken) sehr viel größer als der linke (Atmosphäre; nicht maßstabsgetreu gezeichnet). Verbunden sind die beiden Behälter auf zwei Arten: Erstens durch eine dünne Ausgleichsleitung, über die Niveauausgleich hergestellt werden kann. Zweitens durch zwei dicke Rohrleitungen mit je einer starken Pumpe, die die natürliche CO_2-Umwälzung der Atmosphäre nachbilden. Um das Modellverhalten besser diskutieren zu können (das geschieht in Ziff. 6.3), sind außerdem alle Rohrleitungen einzeln absperrbar.

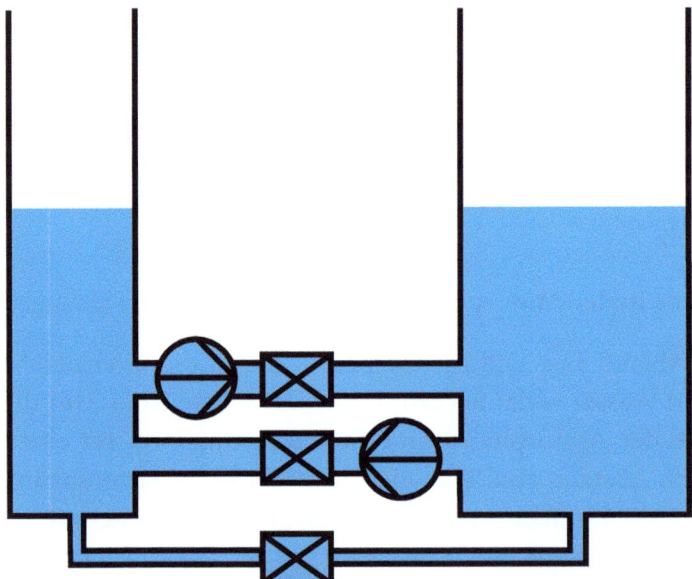

Abb. 3: Das Umwälz-Modell in seiner einfachsten Form: Zwei Wasserbehälter, der linke symbolisiert die Atmosphäre, der rechte die beiden Speicher Ozean und Biomasse zusammengefasst. Dünne Ausgleichsleitung zum Niveauausgleich. Zwei zusätzliche Verbindungsleistungen mit starken Pumpen zur Nachbildung der Umwälzung. Alle Rohrleitungen einzeln absperrbar.

Im Gleichgewicht sind alle Rohrleitungen offen, aber die Inventare in den Behältern bleiben konstant. Die Ausgleichsleitung ist nicht durchflossen und die beiden Pumpen wälzen mit gleicher Stärke um, so viel, dass jährlich etwa ein Viertel des Wassers im Atmosphärenbehälter ausgetauscht wird.

Wird zusätzliches Wasser in den Atmosphären-Behälter eingebracht, ergibt sich ein (kleiner) Durchfluss durch die Ausgleichsleitung, dessen treibende Kraft der Füllstandsunterschied ist. Zusätzlich wird die Förderleistung der Pumpen so verstellt, wie sich die CO_2-Umwälzung durch die Atmosphäre bei erhöhter Konzentration in dieser verändert: Die *Umwälzung wird unausgeglichen*, siehe Ziff. 5.13. Diese Unausgeglichenheit der Umwälzung ist sehr viel wirksamer als der Durchfluss durch die Ausgleichsleitung! Eine *einmalige Einspeisung* wird durch diese unausgeglichene Umwälzung *sehr rasch abgebaut*. Bei *konstanter Einspeisung* stellt sich der Füllstand im Atmosphären-Behälter genau so ein, *dass die Unausgeglichenheit der Umwälzung (zuzüglich des Durchflusses durch die Ausgleichsleitung) gerade die konstante Einspeisung kompensiert!* Im Atmosphären-Behälter herrscht dann Fließgleichgewicht. Der Wasserspiegel in ihm steigt dann nur mehr ganz langsam weiter an, nur in dem Maß, in dem auch im viel größeren Senkenbehälter der Wasserspiegel ansteigt.

Wird die Wasserzugabe *beendet, dann sinkt* der Wasserspiegel im Atmosphären-Behälter. Die Zeitkonstante für dieses Sinken wird in Ziff. 6.3 diskutiert. Mit fortschreitendem Abbau werden die Pumpen so zurück geregelt, dass sie unter Einhalten dieser Zeitkonstante bei Erreichen des neuen Gleichgewichtes wieder ausgeglichen fördern. Das ist die Anpassungsvorschrift für die Wasser-Flüsse im Modell und dadurch bilden sie die CO_2-Flüsse in der Realität gut nach. Das Modell berücksichtigt auch alle anderen Vorgaben gemäß Ziff. 6.1 vollständig.

Anmerkung 1: Schon mehrfach sind wir auf den Fehler gestoßen, dass in einem Modell nicht nachempfunden wird, wie sich die CO_2-Konzentration in der Atmosphäre »von selbst« entwickelt, also wenn man keine weiteren Eingriffe mehr vornimmt und das System sich selbst überlässt. Stattdessen wird die Konzentrationsentwicklung durch Vorab-Festlegung von Zu- und

Abflüssen festgeschrieben. In dem hier vorgeschlagenen Umwälz-Modell wird dieser Fehler dadurch vermieden, dass die Entwicklung der Pumpleistungen gerade so vorgeschrieben wird, wie die CO_2-Flüsse sich in der realen Welt entwickeln, wenn man das System sich selbst überlässt.

Anmerkung 2: Im Modell werden die beiden Pumpen symmetrisch verstellt, die eine wird im Durchsatz gleich stark nach oben geregelt, wie die andere nach unten. In Ziff. 6.1 wurde schon gesagt, dass das in der realen Atmosphäre nicht unbedingt symmetrisch sein muss. Auf die CO_2-Bilanz der Atmosphäre hat das deswegen keinen Einfluss, weil in diese nur die Unausgewogenheit der Umwälzung eingeht und auf die Zeitkonstante, mit der CO_2 aus der Atmosphäre entnommen wird, hat das deswegen keinen Einfluss, weil die Ausflussrate immer proportional zum Inventar ist. In Ziff. 6.3 wird das nochmals eine Rolle spielen.

Anmerkung 3: Nicht nachempfunden im Modell ist die lange Zwischenspeicherung von Kohlenstoff im tiefen Ozean infolge der langsamen Meeresströmungen. Dadurch ist die positive Partialdruckdifferenz zwischen Ozean und Atmosphäre in warmen Gegenden im Modell kleiner als in der Realität und die im Modell ermittelte Zeitkonstante liegt über der realen Zeitkonstanten. Für die zentrale Aussage, bei hoher Umwälzung ist die Zeitkonstante zwangsweise kurz, ist das konservativ.

Anmerkung 4: Das Modell ist zunächst einmal ein lineares Modell. Wie in Ziff. 5.15 gezeigt, ist das höchstwahrscheinlich berechtigt. Sollte jedoch die Berücksichtigung von Nicht-Linearitäten notwendig werden, könnte das durch Anpassung der Form des Senkenbehälters relativ leicht vorgenommen werden (Ziff. 5.15).

Noch eine Besonderheit hat das Modell: In ihm sind alle drei Rohrleitungen mit Absperrorganen versehen. Das entspricht natürlich nicht der Wirklichkeit, erlaubt aber, manche Verhältnisse besser zu verstehen, siehe Ziff. 6.3.

Verfeinerungen: In der einfachsten Version hat das Umwälz-Modell die beiden geschilderten Behälter. Um z. B. den Ozean und die Biomasse getrennt zu behandeln, oder auch, um noch weiter zu unterteilen, können nach dem gleichen Prinzip zusätzliche Behälter hinzugefügt werden. Miteinander in Wechselwirkung stehende Reservoire werden nach den gleichen Vorschriften miteinander verbunden, wie hier angegeben. Nicht miteinander in Wechselwirkung stehende Reservoire sind nicht miteinander verbunden. Auf diese Art kann das Modell beliebig verfeinert werden. Die grundsätzlichen Aussagen können aber schon mit der in Abb. 3 gezeigten einfachsten Version gewonnen werden.

6.3   Ergebnisse des Umwälz-Modells

Mit den Angaben in Ziff. 6.2 ist das Umwälz-Modell vollständig beschrieben. Um mit ihm die Verhältnisse in der realen Atmosphäre besser transparent zu machen, werden nachfolgend verschiedene Vorgänge durchgespielt. Dabei wird die einfachste Version des Modells zugrunde gelegt: Zwei Behälter mit hoher Umwälzung im Gleichgewicht, Anpassung der Umwälzung an eine Störung wie beschrieben.

Einmalige Störung:

Vorgang 1:

- Ausgangszustand: Gleicher Füllstand in beiden Behältern, alle 3 Rohrleitungen abgesperrt, Pumpen abgeschaltet.

- Durchführung: Störung durch Wasserzugabe in Behälter 1 (Atmosphärenbehälter); als Beispiel so viel, dass sich der Füllstand in diesem Behälter verdoppelt. Dann wird das System sich selbst überlassen, die Rohrleitungen bleiben abgesperrt.

- Ergebnis: Stabiler Zustand, es ändert sich nichts, die Zeitkonstante für den Abbau der Störung ist unendlich.

Vorgang 2:

- Ausgangszustand: Endzustand des Vorgangs 1 mit doppeltem Füllstand im Behälter 1.

- Durchführung: Ausgleichsleitung öffnen, Umwälzleitungen bleiben abgesperrt.

- Ergebnis: Langsamer Ausgleich der Füllstände, die Zeitkonstante für den Abbau der Störung ist sehr lang.

Hinweis 1: Durch Variation des Durchmessers der Ausgleichsleitung kann man weitgehend jede beliebige Zeitkonstante einstellen!

Hinweis 2: Die Zeitkonstante für das Absinken des Füllstandes im Behälter 1 wird nur durch den Durchmesser der Ausgleichsleitung und durch die Größe (Querschnittsfläche) des Behälters 1 bestimmt. Mit diesen beiden Größen ist die Zeitkonstante eine feste Eigenschaft des Systems. Die Größe des Behälters 2 hat auf diese Zeitkonstante keinen Einfluss, sondern nur auf die Lage des Gleichgewichtes (Füllstandsausgleich). Das hatten wir schon mehrfach.

Vorgang 3:

- Ausgangszustand: Endzustand des Vorgangs 1 mit doppeltem Füllstand im Behälter 1.

- Durchführung: Ausgleichsleitung abgesperrt lassen, Umwälzleitungen öffnen, Pumpen einschalten.

- Ergebnis: Pumpe 1 fördert wesentlich mehr als Pumpe 2, daher sehr schneller Ausgleich der Füllstände, sehr kurze Zeitkonstante hierfür.

  Erklärung: Die Vorschriften zur Anpassung der Pumpleistungen im Modell sind in Ziff. 6.2 beschrieben. Ausgangszustand in dem Beispiel hier ist der doppelte Füllstand im Atmosphärenbehälter. Diesen Zustand erreicht man als Fließgleichgewicht bei doppeltem Zufluss. Die Umwälzung muss dann genau so stark unausgewogen sein, dass sie diese Verdoppelung des Zuflusses gerade kompensiert. Bei so stark unausgeglichener Umwälzung und beendeter Wasserzugabe (einmalige Störung!) sinkt der Füllstand tatsächlich sehr schnell, bis das neue Gleichgewicht erreicht ist.

Hinweis: Die Zeitkonstante für den Abbau der Störung ist umso kürzer, je höher die ursprüngliche Umwälzleistung (im alten Gleichgewicht) ist. Begründung: Absolut gesehen macht eine Verdoppelung umso mehr aus, je höher der zu verdoppelnde Wert ist. Das stimmt natürlich auch mit der Mathematik überein: Die Zeitkonstante ist das Inventar dividiert durch die Ausflussrate: Je höher letztere ist, desto kleiner wird die Zeitkonstante.

Vorgang 4:

- Ausgangszustand: Endzustand des Vorgangs 1 mit doppeltem Füllstand im Behälter 1.

- Durchführung: Wie Vorgang 3, nur zusätzlich auch die Ausgleichsleitung öffnen.

- Ergebnis: Praktisch identisch mit Vorgang 3, praktisch gleiche Zeitkonstante.

Bewertung der Vorgänge 1 bis 4:

Die Zeitkonstante für den Abbau einer Störung ist eindeutig und unausweichlich *von der Umwälzung abhängig!* Ohne Umwälzung ist die Zeitkonstante bei zugesperrter Ausgleichsleitung unendlich und bei offener Ausgleichsleitung ist sie sehr lang. *Mit Umwälzung ist sie auf jeden Fall sehr kurz.* Sie ist praktisch unabhängig von der Ausgleichsleitung, weil der Durchfluss durch die Ausgleichsleitung im Modell sehr viel kleiner ist als die Unausgewogenheit der Umwälzung. Da es in der Realität so eine Ausgleichsleitung gar nicht gibt, wird real der Abbau der Störung sogar *ausschließlich* durch die Unausgewogenheit der Umwälzung bewerkstelligt. *Für die reale Atmosphäre liegt die Zeitkonstante im Bereich von wenigen Jahren!*

Anhaltende Störung:

Die bisher behandelten vier Vorgänge beschreiben den Abbau einer einmal aufgebrachten Störung. Real liegt aber eine anhaltende Störung durch fortgesetzte anthropogene Freisetzungen vor. Für den Fall, dass diese Freisetzungen konstant gehalten werden, sieht das im Modell wie folgt aus:

Vorgang 5:

- Ausgangszustand: Gleichgewicht: Gleicher Füllstand in beiden Behältern, alle 3 Rohrleitungen offen, Pumpen arbeiten ausgeglichen, Ausgleichsleitung nicht durchflossen.

- Durchführung: Zusätzliche Wasserzugabe von außen in Behälter 1 mit konstanter Rate.

- Ergebnis: Steigender Füllstand in Behälter 1, bis ein neues (Fließ)Gleichgewicht erreicht ist. In diesem ist dann der Füllstand im Behälter 1 um denselben Prozentsatz erhöht, um den der Zufluss erhöht worden ist, und die Fördermengen der Pumpen unterscheiden sich genau so stark, dass dadurch (einschließlich des geringen Durchflusses durch die Ausgleichsleitung) die Wasserzugabe kompensiert wird.

Anmerkung 1: Durch die endliche Größe von Behälter 2 ist das sich einstellende Fließgleichgewicht nicht wirklich zeitlich konstant. Der Wasserspiegel steigt vielmehr langsam weiter. Beim realen Größenverhältnis von der Atmosphäre zu (Ozean + Biomasse) ist der Effekt aber nur relativ klein. Er wird hier nicht weiter betrachtet. Auf die Zeitkonstante hat er ohnehin keinen Einfluss, weil die nur von der Größe des Behälters 1 und vom Ausfluss aus ihm bestimmt wird!

Anmerkung 2: Real sind die anthropogenen Freisetzungen nicht konstant, sondern leicht steigend. Wenn sie auf heutigem Niveau eingefroren werden, dann steigt die Konzentration noch etwas, bis das Fließgleichgewicht tatsächlich erreicht ist. Weil die natürlichen Freisetzungen und damit die Umwälzung aber rund 20 Mal größer sind als die anthropogenen Freisetzungen und weil letztere nur relativ langsam steigen, kann der vorhandene Abstand zum Fließgleichgewicht nicht groß sein.

Bewertung von Vorgang 5:

Im neuen (Fließ)Gleichgewicht kompensiert die Unausgeglichenheit der Umwälzung (zusammen mit dem kleinen Durchfluss durch die Ausgleichsleitung) gerade den erhöhten Zufluss, sodass die Summe aller Zuflüsse gleich groß ist wie die Summe aller Abflüsse. Die Zeitkonstante für die Entnahme der Wassermoleküle aus Behälter 1 ist der Quotient aus dem Inventar und der Entnahmerate. Sie ist also – wie bei einer einmaligen Störung – *von der Umwälzung abhängig*, im Modell weit überwiegend von ihr, in der Realität sogar nur von ihr (keine Ausgleichsleitung!).

Hinweis: Die CO_2-Konzentration in der Atmosphäre verändert sich proportional zu einer Veränderung der Freisetzungen (Fließgleichgewicht!). Eine vermeintliche Abweichung davon muss eine besondere Ursache haben! Dazu gleich mehr.

Die wichtigsten Ergebnisse:

Das Umwälz-Modell hält die Vorgaben gemäß Ziff. 6.1 konsequent ein. Seine Ergebnisse sollten daher auch in der realen Welt weitgehend gültig sein. Widersprüche zur Physik sind nicht zu erkennen (jedenfalls kann der Autor keine erkennen). Zwei Erkenntnisse sind besonders wichtig:

1. *Es gibt nur eine Zeitkonstante* für die Entnahme von CO_2 aus der Atmosphäre und diese *hängt ganz wesentlich von der Umwälzung ab*! Bei hoher Umwälzung muss sie sehr kurz sein.

2. Eine Erhöhung der natürlichen CO_2-Freisetzungen durch die anthropogenen Freisetzungen um 5 % kann die CO_2-Konzentration in der Atmosphäre nur um 5 % erhöhen. Da die Konzentration real aber deutlich höher ist, muss eine zusätzliche Quelle erheblich mit eingespeist haben (oder eine Senke muss reduziert worden sein)! *Das viele CO_2 in der Atmosphäre kann einfach nicht mit den relativ kleinen anthropogenen Freisetzungen erklärt werden!*

Nochmalige Klarstellung: Lange »Störungszeiten« bei hoher Umwälzung erhält man nur, wenn man, statt der sich selbst einstellenden natürlichen Umwälzung die Zu- und Abflussmengen zur Atmosphäre in »geeigneter Weise« vorgibt! Überlässt man die Atmosphäre sich selbst, ist die Störungszeit bei hoher Umwälzung immer kurz!

6.4   Die Unterschiede zwischen Verweilzeit und Störungszeit:

Wie schon in Ziff. 5.16 angegeben, sind Verweilzeit und Störungszeit zwei unterschiedliche Begriffe, die auch prinzipiell unterschiedliche Sachverhalte beschreiben. Definiert ist die Verweilzeit als der Quotient aus dem Inventar und der Ausflussrate und die Störungszeit als der Quotient aus dem Überschussinventar und der Abbaurate des Inventars (wenn man das System sich selbst überlässt).

Es kommt also auf den Mechanismus an, mit dem die Störung abgebaut wird. Systeme, bei denen dieser Abbau durch *Strömung in nur einer Richtung* erfolgt, immer nur von »zu viel« nach »zu wenig«, reagieren entscheidend anders als Systeme, bei denen der Abbau durch unausgeglichene Umwälzung mit *Strömung in beiden Richtungen* erfolgt! Beispielsweise ist bei einseitig erfolgender Strömung (etwa durch eine Ausgleichsleitung) die Verweilzeit im Gleichgewicht unendlich, weil ja nichts aus dem Behälter herausfließt, während sie in umgewälzten Systemen immer endlich ist. In der realen Atmosphäre gibt es Umwälzungen, im Umwälz-Modell ebenso.

Wie diese Umwälzung auf eine geänderte CO_2-Konzentration in der Atmosphäre reagiert, wird in Ziff. 5.13 beschrieben. Im »Umwälz-Modell« wird das durch die gezielte Regelung der Pumpen nachgebildet: *Die Unausgeglichenheit der Umwälzung ist immer gleich groß wie die Höhe der Störung.* In die Störungszeit geht, ihrer Definition entsprechend, nur die Höhe dieser Unausgeglichenheit der Umwälzung ein. Wie sich diese Unausgeglichenheit auf den Zufluss zur und auf den Ausfluss aus der Atmosphäre verteilt, ist dafür belanglos. Außerdem ist die Störungszeit unabhängig von der Höhe der Störung und auch zeitlich eine Konstante, weil Überschussinventar und Abbau proportional zueinander sind. Die Höhe der Störungszeit ist umgekehrt proportional zur Höhe der Umwälzung im ungestörten Zustand.

Bei der Verweilzeit ist das etwas komplizierter. In deren Größe geht, durch ihre Definition bedingt, auch die Verteilung der Unausgeglichenheit der Umwälzung auf Zufluss zur und Ausfluss aus der Atmosphäre ein. Im Grenzfall, wenn sich nur der Zufluss zur Atmosphäre verändert, ändert sich die *Verweilzeit* proportional zur Störung (das Inventar ändert sich proportional zur Störung, der Ausfluss bleibt konstant). Im anderen Grenzfall, wenn sich nur die Entnahme verändert, ändert sich die *Entnahme* proportional zur Störung und die *Verweilzeit bleibt konstant*. In diesem Grenzfall stimmen Verweilzeit und Störungszeit überhaupt überein. In allen anderen Fällen unterscheiden sie sich, liegen aber prinzipiell immer nahe beieinander. *Die Verweilzeit ist daher immer ein guter Näherungswert für die Störungszeit!* Das gilt, wie gesagt, in umgewälzten Systemen mit freier Einstellung der Umwälzung und die Atmosphäre ist eindeutig ein solches System!

6.5   Modelle und Wirklichkeit

Vorab zur Erinnerung: Modelle sind immer nur eine mehr oder weniger gute Annäherung an die Wirklichkeit. Man braucht sie, weil man aus ihrer konkreten mathematischen Struktur Ergebnisse errechnen kann, die man in der komplexen Wirklichkeit nicht so leicht ermitteln kann. Aber die Qualität dieser Ergebnisse kann man nicht mit den Modellen selbst überprüfen, das wäre ein Kreisschluss, sondern nur durch Gegenüberstellung mit Beobachtungen oder physikalisch begründeten Erwartungen. Da schneiden die IPCC-Modelle wesentlich schlechter ab als das Umwälz-Modell.

Vergleicht man die IPCC-Modelle mit dem Umwälz-Modell, so macht IPCC in seinen Modellen eigentlich nichts anderes, als *den Durchmesser der Ausgleichsleitung zu berechnen*, bei dem die anthropogenen Freisetzungen unter Ausklammern der Umwälzung (= Festhalten von Zu- und Abfluss auf dem alten Gleichgewichtswert) gerade zum beobachteten Anstieg der atmosphärischen CO_2-Konzentration führen. Aus diesem Durchmesser der Ausgleichsleitung ergibt sich dann in der IPCC-Betrachtungsweise die Zeitkonstante, mit der die anthropogenen CO_2-Freisetzungen wieder aus der Atmosphäre abgebaut werden. Diese Zeitkonstante ist vom Ermittlungsverfahren her unabhängig von der Umwälzung und sie ist sehr viel größer als die durch die Umwälzung bestimmte Verweilzeit der natürlich in die Atmosphäre freigesetzten CO_2-Moleküle.

Dieses Ermittlungsverfahren wird dem realen System »Erde« jedoch nicht gerecht. In der Natur lässt sich die Umwälzung weder ausschalten noch konstant halten, weil es weder Absperrorgane noch regelbare Pumpen gibt! Die natürliche Umwälzung wird vielmehr durch Diffusion bewerkstelligt und deren Flussgrößen ändern sich unvermeidlich proportional mit der Konzentration! In der Realität gibt es aber auch die Ausgleichsleitung zwischen der Atmosphäre und dem Ozean sowie der Biomasse nicht. Der Konzentrationsausgleich wird vielmehr *nur* über die Umwälzung bewerkstelligt, genauer über deren Unausgewogenheit! Die IPCC-Modelle berücksichtigen also den in der Natur wirksamen Mechanismus nicht, dafür berechnen sie etwas, das es wieder in der Natur nicht gibt! Das schließt zuverlässige Ergebnisse nicht von Haus aus aus, sollte aber doch zu erheblicher Vorsicht mahnen!

Die genannte Unausgewogenheit in der natürlichen Umwälzung besteht nach Ziff. 5.13 immer, wenn die CO_2-Konzentration in der Atmosphäre höher ist als im Ozean. Sind die anthropogenen Freisetzungen konstant, werden sie durch diese Unausgewogenheit gerade kompensiert und es stellt sich ein Fließgleichgewicht bei erhöhter CO_2-Konzentration ein. Die Konzentrationszunahme entspricht dabei gerade der Zunahme der Freisetzungen. Den Zustand müssten wir eigentlich haben. Nicht wirklich exakt, aber in recht guter Näherung. Letzteres, weil die anthropogenen Freisetzungen nur sehr langsam wachsen (also fast konstant sind) und weil die natürliche Umwälzung die anthropogenen Freisetzungen zwanzig Mal überwiegt. Bei diesen Randbedingungen können wir nicht weit weg vom Gleichgewicht sein! Die CO_2-Konzentration müsste also um 5 % zugenommen haben, weil die anthropogenen Freisetzungen 5 % der natürlichen Freisetzungen ausmachen. Tatsächlich ist die Konzentration aber um rund 50 % gestiegen! Daher muss auch die Freisetzung um rund 50 % angestiegen sein. Der Unterschied ist weit größer als alle bekannten Ungenauigkeiten zusammengenommen. Es muss daher noch eine zusätzliche Quelle geben und die muss sogar viel stärker sein als die anthropogenen Freisetzungen!

Die Konzentration ist aber nicht nur um 50 % angestiegen, sie steigt auch noch weiter, um 2 ppm/a. Das ist halb so viel, wie anthropogen freigesetzt wird! Angesichts der langsamen Änderungen ist auch das viel zu weit weg vom Gleichgewicht, um mit den üblichen Unschärfen erklärt werden zu können. Auch das legt die Existenz einer weiteren (erheblichen!) Quelle nahe!

Modelle bauen eine eigene Welt auf, die durch die jeweils zugrunde gelegten Annahmen und Regeln exakt definiert ist. Das hat den Vorteil, viele Fragen beantworten zu können, und gleichzeitig den Nachteil, dass diese Antworten inhärent unsicher sind. Stimmen die Annahmen und Regeln der Modelle nicht hinreichend gut mit den realen physikalischen Verhältnissen überein, dann können auch die Ergebnisse der Modelle nicht hinreichend zuverlässig mit der Wirklichkeit übereinstimmen! Bei den Modellen von IPCC scheint genau das der Fall zu sein. Diese Modelle weichen zu sehr von der physikalischen Realität ab. Aus ihren Ergebnissen können daher keine zuverlässigen Schlüsse abgeleitet werden!

7 Bern Carbon Cycle Model

Im Zentrum der bisherigen Überlegungen stand der grundsätzliche Ansatz in den IPCC-Modellen, zwischen natürlich und anthropogen freigesetzten CO_2-Molekülen zu unterscheiden: Die einen sorgen für ein unverändert fortbestehendes Gleichgewicht, die anderen sind diesem Gleichgewicht als Störung oben draufgesetzt und sie verursachen alle Veränderungen, insbesondere aber die erhebliche Zunahme der CO_2-Konzentration in der Atmosphäre. Schon mehrfach wurde dabei auf das »Bern Carbon Cycle Model« als einer verfeinerten Modellversion von IPCC hingewiesen. Verfeinert, weil dieses Modell die anthropogen freigesetzten CO_2-Moleküle weiter in Gruppen mit jeweils eigenen Zeitkonstanten für die Entnahme aus der Atmosphäre unterteilt. In dieser Ziff. 7 hier werden Probleme diskutiert, die sich aus dieser erweiterten Unterteilung und aus der Art ihrer Umsetzung ergeben.

Vorab sei aber ausdrücklich darauf hingewiesen, dass die bei der Einteilung in zwei Gruppen (natürliche und anthropogene CO_2-Moleküle) aufgezeigten Problem nicht beseitigt werden, wenn eine der beiden Gruppe noch weiter unterteilt wird! Falls die bei zwei Gruppen vorgebrachten Kritikpunkte stimmen, dann kann auch das Bern Carbon Cycle Model keine richtigen Ergebnisse liefern! Eher ist sogar eine weitere Verschlechterung zu erwarten: Wenn die Einteilung in zwei Gruppen unsichere Ergebnisse liefert, dann liefert wahrscheinlich auch die weitere Unterteilung einer Gruppe unsichere Ergebnisse. Dass das im konkreten Fall auch tatsächlich so ist, wird gezeigt.

7.1 Grundzüge und mathematische Formulierung

Benannt ist das Bern Carbon Cycle Model Modell nach einer Forschergruppe aus Bern. In die IPCC-Berichte eingeführt wurde es vermutlich 1994 mit /10/ und seither wurde es immer weiter entwickelt. Heute wird es in unterschiedlichen Versionen in sehr vielen Klimaprogrammen verwendet. Es besteht prinzipiell aus einem Kohlenstoffkreislauf-Teil und aus einem darauf aufbauenden Klima-Teil. In dieser Arbeit hier wird nur auf den Kohlenstoffkreislauf-Teil eingegangen. Mit ihm wird errechnet, wie sich die Konzentration von CO_2 in der Atmosphäre nach einer pulsförmigen Freisetzung entwickelt (»pulse response function«). Fortgesetzte Freisetzungen werden in jährliche Einzelimpulse zerlegt, über die dann aufsummiert wird. Ausgangspunkt für das Modell war wahrscheinlich das Bestreben, unterschiedlich schnell arbeitenden Senken für CO_2 aus der Atmosphäre gerecht zu werden. Außerdem sollten wohl auch Nicht-Linearitäten beim Übergang von CO_2 aus der Atmosphäre in den Ozean berücksichtigt werden.

Gleich wie in allen anderen IPCC-Überlegungen ist die grundsätzliche Betrachtungsrichtung: Auch im Bern-Modell wird nicht die Entnahme von CO_2 aus der Atmosphäre berechnet, sondern dessen Verbleib in der Atmosphäre. Dieser Verbleib wird abhängig von den anthropogenen Freisetzungen angenommen, zwar kleiner als in anderen IPCC-Modellen, aber weiterhin als fester Prozentsatz. Dass das nicht der Physik entspricht, weil nach den Regeln der Physik die Entnahme von CO_2 von dessen Konzentration und nicht von der Freisetzung gesteuert wird, wurde schon in Ziff. 5.11 dargelegt.

Zur Klarstellung: Weil im Bern-Modell – wie generell bei IPCC – die Störung in Bezug auf das alte Gleichgewicht definiert ist, verbleibt bei einer irreversiblen Störung immer ein endlicher Rest dieser Störung in der Atmosphäre (Ziff. 5.16). Das ändert aber nichts daran, dass der Austrag *völlig unabhängig von der Freisetzung* ist und nur von der Konzentration (genauer: Vom Partialdruckgefälle zu den Senken) gesteuert wird. Und diese Konzentration und deren Veränderung sind eben nicht nur von den anthropogenen Freisetzungen abhängig! Im Gegenteil, sie hängen immer von der *Summe aller Zu- und aller Abflüsse* ab!

Mathematisch definiert ist das Bern Carbon Cycle Model durch die in ihm verwendete Gleichung für die Abnahme einer stoßartig in die Gleichgewichtsatmosphäre eingebrachten CO_2-Menge (»Impulsantwort«): Nach /4/, Seite 213, erfolgt diese Abnahme nach einer *Summe abfallender Exponentialfunktionen*:

$$C(t) = C_0 \cdot (a_\infty + \Sigma\, a_i \cdot e^{-t/\tau_i}) \qquad\qquad (2)$$

Darin sind:

- C_0 die anfänglich (zum Zeitpunkt t = 0) als Störung in die Atmosphäre eingebrachte CO_2-Menge (Anzahl der Moleküle).

- C(t) die zum Zeitpunkt t davon noch in der Atmosphäre verbliebene CO_2-Menge (Anzahl der Moleküle).

- a_i Anteile an den zusätzlich eingebrachten CO_2-Molekülen, mit $(a_\infty + \Sigma\, a_i)$ = 1. Werte in Tab. 1.

- τ_i die zugehörigen Zeitkonstanten (Zeit für den Abfall auf den Wert 1/e = ca. 37 %), wobei für a_∞ die Zeitkonstante unendlich gilt. Der Anteil a_∞ verbleibt daher auf Dauer in der Atmosphäre. Werte in Tab. 1.

Was auch immer mit dem Bern-Modell beabsichtigt wurde oder wird, mit Gleichung (2) werden die anthropogen freigesetzten CO_2-Moleküle *de facto in Gruppen unterteilt, die sich unterschiedlich verhalten.* Die Anteile der Gruppen am Störimpuls betragen a_i und sie werden mit den zugehörigen Zeitkonstanten τ_i aus der Atmosphäre entnommen. Vermutlich war ursprünglich angedacht, dass diese Gruppen jeweils speziellen Senken entsprechen sollten. Heute ist das nur mehr schwer zu erkennen. Die Gruppengrößen und Zeitkonstanten werden vielmehr höchstwahrscheinlich ohne nähere Beachtung der physikalischen Eigenschaften der Senken ermittelt und nur einfach durch mathematische Optimierung festgelegt: Sie werden so angepasst, dass damit *die historische Entwicklung der CO_2-Konzentration bestmöglich mit den laufenden anthropogenen CO_2-Freisetzungen als Ursache erklärt werden kann!*

Dass dabei nicht immer die gleichen Ergebnisse herauskommen, hat im Wesentlichen drei Gründe: Erstens ist die Impulsantwort infolge von Nicht-Linearitäten von der Größe des Impulses (von der Größe der Störung) abhängig und es werden in den einzelnen Arbeiten unterschiedlich große Impulse untersucht, zum Teil sogar unrealistisch große Impulse, die besonders lange Zeiten ergeben. Zweitens werden die Zeitreihen der Konzentration und der anthropogenen Freisetzungen laufend fortgeschrieben (und zum Teil auch nachträglich angepasst) und drittens hat sich die Anzahl der Gruppen, in die die anthropogen freigesetzten CO_2-Moleküle unterteilt werden, im Laufe der

Zeit verändert: Im zweiten Sachstandbericht von IPCC /2/ waren es sechs Gruppen, in späteren Sachstandberichten (/3/ und /4/) nur vier. Tabelle 1 zeigt die Werte:

AR 2	$a_\infty = 13{,}69$	$a_1 = 8{,}07$	$a_2 = 20{,}86$	$a_3 = 25{,}02$	$a_4 = 19{,}38$	$a_5 = 12{,}98$
	$\tau = \infty$	$\tau_1 = 1{,}33$	$\tau_2 = 4{,}16$	$\tau_3 = 17{,}01$	$\tau_4 = 55{,}70$	$\tau_5 = 371{,}6$
AR 3	$a_\infty = 15{,}2$	$a_1 = 31{,}6$	$a_2 = 27{,}9$	$a_3 = 25{,}3$		
	$\tau = \infty$	$\tau_1 = 2{,}57$	$\tau_2 = 18{,}0$	$\tau_3 = 171{,}0$		
AR 4	$a_\infty = 21{,}7$	$a_1 = 18{,}6$	$a_2 = 33{,}8$	$a_3 = 25{,}9$		
	$\tau = \infty$	$\tau_1 = 1{,}186$	$\tau_2 = 18{,}51$	$\tau_3 = 172{,}9$		

Tabelle 1: Exponentialfunktionen für den Abbau von CO_2 aus der Atmosphäre nach IPCC, Anteile a_i [%] und Zeitkonstanten τ_i [Jahre] gemäß Gleichung (2); (für AR 2 und 3 jeweils Standard-Variante, zitiert nach /11/).

Zur besseren Orientierung noch ein paar Zahlen zur Abnahme der CO_2-Konzentration nach einer pulsförmigen Störung: Das »überschüssige« CO_2 wird zunächst recht schnell und dann immer langsamer abgebaut. Nach 100 Jahren z. B. sind noch etwas über 30 % und nach 1000 Jahren noch etwas über 20 % der Ausgangsmenge C_0 in der Atmosphäre verblieben. Diese Zahlen unterscheiden sich in den verschiedenen Modellversionen nur wenig. Nach 1000 Jahren tut sich fast nichts mehr, was vom CO_2 noch da ist, das bleibt praktisch auf ewig da. Erklärung: Es sind ja fast nur mehr sehr lange Zeitkonstanten wirksam, bis hin zu unendlich.

Eine wichtige Folge der mathematischen Formulierung gemäß Gleichung (2) ist, dass auch hier die natürliche Umwälzung *keinen* Einfluss darauf hat, wie sich die anthropogenen Freisetzungen in der Atmosphäre wieder abbauen! Die natürliche Umwälzung kommt in Gleichung (2) ja gar nicht vor. Dass das nicht der Realität entspricht, wurde bereits gezeigt.

7.2 Parallelität zum radioaktiven Zerfall

Die von IPCC für den Abbau der CO_2-Konzentration verwendete Gleichung (2) ist exakt die Gleichung, die die *Abnahme der Radioaktivität eines Ge-*

misches instabiler Atome beschreibt (Anteile a_i, Zeitkonstanten τ_i). Wahrscheinlich ist die Auswahl der Gleichung auch bewusst gerade so getroffen worden. Konsequenterweise wird häufig auch vom »Zerfall« (»decay«) des CO_2 gesprochen und die zugehörige Zeitkonstante wird als »Zerfallskonstante« (»decay constant«) des CO_2 bezeichnet.

Beim radioaktiven Zerfall zerfallen die unterschiedlichen Atomsorten parallel nebeneinander, *ohne gegenseitige Beeinflussung.* Die Radioaktivität nimmt dabei jeweils nach einer Exponentialfunktion ab, mit der für die jeweilige Atomsorte charakteristischen Zeitkonstanten (»Zerfallskonstante«). Die Gesamt-Radioaktivität ist dann die Summe der Einzel-Radioaktivitäten. Sie fällt daher nach einer *Summe von Exponentialfunktionen* ab! Das wird in Gleichung (2) beschrieben.

In dem Maße, in dem der Anteil der Atome mit kurzen Halbwertszeiten kleiner wird (weil sie rascher zerfallen), wird der Abfall der Radioaktivität insgesamt langsamer, bis zum Schluss praktisch nur noch die längste Halbwertszeit alleine übrig bleibt, weil nur mehr solche Atome vorhanden sind. *Die Gesamt-Zerfallskonstante für alle Atome zusammen ist daher keine Konstante mehr, sondern sie wird mit der Zeit immer länger!* Wenn auch stabile Atome mit betrachtet werden, haben die die Halbwertszeit unendlich. Gleichung (2) ist für den radioaktiven Zerfall maßgeschneidert, sie beschreibt das Geschehen richtig.

Beim Ausfluss von CO_2 aus der Atmosphäre in verschiedene Senken ist die Physik aber *entscheidend anders:* Dieser CO_2-Ausfluss wird *nicht durch unterschiedliche Moleküleigenschaften* bestimmt (die Moleküle sind ja alle gleich), sondern er ist *ausschließlich von den Eigenschaften der Senken abhängig!* Nur deren Eigenschaften bestimmen, wie schnell CO_2-Moleküle von ihnen eingefangen werden.

Der Unterschied sei an drei Punkten verdeutlicht: Der Geschwindigkeit, mit der die Gesamt-Radioaktivität zurückgeht, bzw. mit der eine erhöhte CO_2-Konzentration wieder abgebaut wird, der Veränderung dieser Geschwindigkeit mit der Zeit und der Veränderung dieser Geschwindigkeit in

Abhängigkeit von der Anzahl der instabilen Atomsorten bzw. der Senken für CO_2. Anschließend kommen dann noch ein paar Anmerkungen darüber, was denn den Rückgang überhaupt antreibt.

Geschwindigkeit:

Beim radioaktiven Zerfall folgt *jede Atomsorte ihrer eigenen Zeitkonstanten* τ_i (= Zerfallskonstante). Für ein Gemisch verschiedener Sorten lässt sich aus den Einzel-Zeitkonstanten eine Gesamt-Zerfallskonstante τ ausrechnen, nach der die Radioaktivität insgesamt abnimmt:

$$1/\tau = \Sigma \ a_i/\tau_i \tag{3}$$

Aber in so einem Gemisch *ändert sich die Zusammensetzung mit der Zeit*, weil die Anteile der kurzlebigen Sorten immer kleiner werden. In Gleichung (3) *sind die a_i daher zeitabhängig und das τ wird mit der Zeit immer länger!* Nicht zeitabhängig sind die τ_i, die sind konstante Eigenschaften der einzelnen Atomsorten.

Der Kehrwert einer Zeitkonstanten wird als »Zerfallsrate« bezeichnet. Sie gibt an, wie viele *Prozent* der vorhandenen Atome *der jeweiligen Sorte* pro Zeiteinheit zerfallen. Weil die Zeitkonstante jeder Atomsorte konstant ist, ist notwendigerweise auch die Zerfallsrate jeder Atomsorte konstant. Für ein Gemisch von Atomen kann man natürlich auch eine »Gesamt-Zerfallsrate« angeben, also wie viel Prozent der Atome *insgesamt* pro Zeiteinheit zerfallen. Diese Gesamt-Zerfallsrate ist jedoch, weil das Gemisch sich mit der Zeit ändert, *zeitlich nicht konstant.* Aber sie ist in jedem Zeitpunkt der *gewogene Mittelwert der Einzel-Zerfallsraten!* Die Gewichtsfaktoren sind dabei die (zeitabhängigen!) Gruppenanteile a_i. Das ist die Erklärung für Gleichung (3).

Auf den ersten Blick sieht Gleichung (3) ähnlich aus wie Gleichung (1), nach der die Gesamt-Zeitkonstante für die *Entnahme von CO_2* durch verschiedene Senken berechnet wird (Ziff. 5.3):

$$1/\tau = \Sigma \ 1/\tau_i \tag{1}$$

Inhaltlich unterscheiden die beiden Gleichungen sich aber *wesentlich:* Die Gleichung für die Radioaktivität (3) enthält (zeitabhängige!) Gewichtsfaktoren, die Gleichung für die CO_2-Entnahme (1) enthält keine Gewichtsfaktoren! Letzteres ist berechtigt, weil bei der CO_2-Entnahme für *jede Senke alle vorhandenen CO_2-Moleküle* in der Atmosphäre (das gesamte Inventar) zur freien Auswahl zur Verfügung stehen! Die Entnahmerate in jede Senke ist daher *ein bestimmter Prozentsatz des Gesamt-Inventars.* Als Folge davon *ist die Gesamt-Entnahmerate einfach die Summe aller Einzel-Entnahmeraten!* Das ist das, was Gleichung (1) aussagt.

Beim radioaktiven Zerfall ist das vom Prinzip her anders: Da stehen für den Zerfall einer bestimmten Atomsorte nur so viele Atome zur Verfügung, wie *von dieser Sorte* vorhanden sind! Die Zerfallsrate jeder Atomsorte ist daher *ein bestimmter Prozentsatz der Anzahl der Atome dieser Sorte.* Ob und wie viele andere Atome zusätzlich noch vorhanden sind, hat darauf *keinerlei Einfluss.* Das gilt natürlich für jede Atomsorte, die Atomsorten zerfallen alle *unabhängig voneinander und unabhängig von der Gesamtzahl der vorhandenen Atome!* Der Wert für das Gemisch insgesamt ist daher der (gewogene) *Mittelwert der Einzelwerte.* Das ist das, was Gleichung (3) aussagt.

Der Unterschied zwischen Summe und Mittelwert ist gravierend: Gleichung (1) berechnet eine sehr viel kürzere Zeitkonstante als Gleichung (3)!

Anschaulich: Stellen wir uns einen Wasserbehälter vor: Mehrere Senken für das CO_2 entsprechen hier mehreren Löchern im Boden des Behälters, durch die das Wasser ausrinnen kann. *Jedes* Loch kann auf *alle* Wassermoleküle im Behälter zugreifen! *Die Ausflussraten addieren sich, der Gesamtausfluss ist die Summe aller Einzelausflüsse.* Alle Abflüsse sind bis zum Schluss aktiv, *auch der letzte Wassertropfen kann noch durch das größte Loch abfließen!* Das Bern Carbon Cycle Model rechnet aber anders, eben in Analogie zum radioaktiven Zerfall: Bei diesem Modell ist der Wasserbehälter gewissermaßen *durch Trennwände in einzelne Teilbehälter unterteilt.* Jeder Teilbehälter hat sein eigenes Ausflussloch und *entleert sich nach seiner eigenen Zeitkonstanten* (die vom Lochdurchmesser bestimmt wird), unabhängig davon, ob es noch andere Teilbehälter gibt und was die machen! Ein Teilbehälter hat sogar gar keinen Abfluss. Ist der Teilbehälter mit dem größten Loch leer, *nimmt er am Geschehen nicht mehr teil* und Wasser rinnt nur noch aus den anderen Teilbehältern heraus, die kleinere Löcher haben! *CO_2-Ausfluss und radioaktiver Zerfall sind eben unterschiedliche Prozesse!*

Zur Klarstellung: Wenn man die Ausflüsse bzw. Radioaktivitäten in *absoluten Größen* misst (z. B. Kilogramm pro Sekunde bzw. Anzahl der Zerfälle pro Sekunde), *dann addieren sich die Werte immer zu einem Gesamtwert*, bei mehreren Löchern im Behälter wie auch bei mehreren zerfallenden Atomsorten. Wenn man jedoch *relative Größen* angibt, dann ist das für die beiden Fälle *unterschiedlich:* Wird für jedes *Loch im Behälter* angegeben, wie viel Prozent *des Inventars* pro Zeiteinheit durch dieses Loch ausfließen, *dann addieren sich die Prozentsätze zu einem Gesamt-Ergebnis!* Wird demgegenüber für jede *Atomsorte* angegeben, wie viel Prozent *der vorhandenen Atome dieser Sorte* pro Zeiteinheit zerfallen, dann ist das Gesamtergebnis *der Mittelwert der Einzelwerte!* Natürlich ist es der gewogene Mittelwert. Im Grunde genommen ist das wieder ein Problem, ähnlich wie wir es schon in Ziff. 5.10 kennen gelernt haben: *Was sind denn die 100 %?* Bei den verschiedenen Ausflüssen aus dem Behälter sind sie das *Gesamt*-Inventar (berechtigt, weil jedes Ausflussloch auf das gesamte Inventar zugreift), beim radioaktiven Zerfall sind sie die Anzahl der Atome *der jeweiligen Sorte* (berechtigt, weil nur diese den jeweiligen Zerfall bestimmen). Summe oder Mittelwert unterscheiden sich gewaltig!

Veränderung der Geschwindigkeit:

Beim radioaktiven Zerfall verhalten sich die einzelnen Atomsorten, wie gesagt, unabhängig voneinander. Eine jede zerfällt konsequent nach ihrer Zeitkonstanten, egal, ob andere Atomsorten vorhanden sind. In einem Gemisch werden daher die Anteile der kurzlebigen Atome immer kleiner. Im gleichen Maß wird die Gesamt-Zeitkonstante immer länger: Diese ist ja der *gewogene Mittelwert* der vorhandenen Einzel-Zeitkonstanten! Und wenn die kurzen Zeitkonstanten an Bedeutung verlieren, dann gewinnen eben die langen Halbwertszeiten. Nach einiger Zeit ist nur noch die Atomsorte mit der längsten Halbwertszeit übrig, dann geht es nur mehr sehr langsam weiter. Ergänzung: Wenn auch stabile Atome dabei sind, dann wird die Zeitkonstante zum Schluss sogar unendlich.

Bei der Entnahme von CO_2 aus der Atmosphäre durch mehrere Senken ist das deutlich anders: Hier ändert sich die Zeitkonstante *nicht!* Die schnellen Senken wirken vielmehr *ungeschmälert bis zum Schluss* (Erreichen des neuen Gleichgewichtszustandes): Auch die letzten »überzähligen« CO_2-Moleküle werden noch *bevorzugt von den schnell wirkenden Senken eingefangen!* Diese schnell wirkenden Senken schnappen den langsameren Senken gewissermaßen die CO_2-Moleküle vor der Nase weg, bevor diese langsameren Senken überhaupt ernsthaft eingreifen können. Und das geht, wie gesagt, *bis zum Schluss* so, bis das neue Gleichgewicht voll erreicht ist! Die Zeitkonstante bleibt tatsächlich konstant! Abweichungen davon kann es nur geben, wenn Sättigung eintritt. Eine solche ist jedoch nirgends zu beobachten und in absehbarer Zeit auch nicht zu erwarten. In Ziff. 7.3. wird das noch detaillierter gezeigt.

Klarstellung: Die konstant bleibende Zeitkonstante gilt natürlich nur, wenn die Störung als Abweichung gegenüber dem neuen Gleichgewicht definiert wird (Ziff. 5.16). Eine solche Definition ändert nichts am Sachverhalt, erleichtert aber seine Beschreibung. Bei Definition der Störung als Abweichung gegenüber dem alten Gleichgewicht kommt in der Sache natürlich das gleiche Ergebnis heraus, es sind ja immer die gleichen Vorgänge in der Natur, nur ist seine mathematische Darstellung viel komplizierter.

Anzahl der Atomsorten bzw. der Senken:

Erheblich ist der Unterschied auch, wenn man bei ansonsten gleicher Ausgangslage die Zahl der instabilen Atomsorten bzw. die Zahl der Senken verändert: Gleiche Ausgangslage heißt gleiche Anfangszahl instabiler Atome, bzw. gleiche Anfangszahl von CO_2-Molekülen. In Gleichung (2) heißt das gleiches C_0. Jetzt erhöhen wir die Zahl der instabilen Atomsorten um 1, aber so, dass die Gesamtzahl der instabilen Atome gleich bleibt. Die neue Sorte habe im konkreten Fall ein τ, das größer ist als alle bisherigen τ_i. Wir haben dann gleich viele instabile Atome wie zuvor, nur haben einige davon jetzt eine längere Halbwertszeit. Als Folge dieses Austausches ist die Gesamt-Radioaktivität (Zerfälle pro Sekunde) jetzt *von Anfang an kleiner und sie sinkt auch langsamer ab* als zuvor, ohne die neue Sorte! Gleichung (2) beschreibt das Ergebnis richtig.

Nun machen wir das Gleiche bei der Entnahme von CO_2 aus der Atmosphäre: Wir nehmen bei gleicher Ausgangskonzentration eine zusätzliche Senke an. Veranschaulichen können wir das wieder anhand eines Wasserbehälters: Der hat im Boden verschiedene Löcher, durch die das Wasser ausrinnt. Wenn wir nun ein zusätzliches Loch bohren, dann rinnt *auf jeden Fall insgesamt mehr Wasser aus*! Selbst dann, wenn das neue Loch relativ klein ist! Nach Gleichung (2) geht es aber langsamer! Diese Gleichung kann die Entnahme von CO_2 aus der Atmosphäre nicht richtig beschreiben!

Ergänzung: Beim »anschaulichen Beispiel« weiter oben wurde schon gesagt, dass das Bern Carbon Cycle Model so rechnet, als wäre der Wasserbehälter, der die Atmosphäre repräsentiert, durch Trennwände in Teilbehälter unterteilt. Wenn man die Zahl der Senken um 1 erhöht, dann errichtet das Bern Carbon Cycle Model gewissermaßen eine weitere Trennwand und schafft dadurch einen zusätzlichen Teilbehälter, der sich dann wieder unabhängig von allen anderen Teilbehältern entleert, bei größerem τ eben langsamer als die anderen Teilbehälter. Real ist die Atmosphäre jedoch immer gut durchmischt und es gibt in ihr keine Teilbehälter mit unterschiedlichem Verhalten! Das Bern-Modell beschreibt eine Situation, die bei der Entnahme von CO_2 aus der Atmosphäre *nicht* vorliegt!

Was treibt an?

Ganz wichtig ist auch, was denn überhaupt den radioaktiven Zerfall bzw. die CO_2-Entnahme aus der Atmosphäre antreibt. Beim radioaktiven Zerfall ist das klar: Es ist die *Instabilität der Atomkerne*. Aus der ergibt sich eine mittlere Lebensdauer der Atome, die dann zum exponentiellen Zerfall mit einer festen Zeitkonstanten führt. Wie viele Atome pro Sekunde zerfallen, richtet sich nur nach der jeweils vorhandenen Anzahl der Atome dieser Sorte und nach deren Instabilität. Gleichung (2) beschreibt *die Wirkung dieser Instabilität!*

Im Bern Carbon Cycle Model wird Gleichung (2) jedoch für den Abbau von CO_2 aus der Atmosphäre verwendet. Die anthropogen freigesetzten CO_2-Moleküle werden in Gruppen unterteilt und es wird so gerechnet, als würden diese Moleküle mit einer *gruppenspezifischen, aber den Molekülen fest eingeprägten mittleren Lebensdauer* wieder aus der Atmosphäre ausgeschieden werden, völlig unabhängig von allen anderen Gruppen und von allen anderen Randbedingungen. Eben genau so, wie das beim radioaktiven Zerfall geschieht. *Bei der Entnahme von CO_2 entspricht das jedoch eindeutig nicht der Realität!* Die CO_2-Entnahme aus der Atmosphäre richtet sich vielmehr immer *nach der Gesamtmenge des CO_2* in der Atmosphäre: Diese *Gesamt*menge legt die Konzentration in der Atmosphäre fest und wenn diese einheitliche atmosphärische Konzentration höher ist als die CO_2-Konzentration in den Senken, wodurch auch immer verursacht, dann wird CO_2 in die Senken überführt, und zwar umso mehr, je höher das *Konzentrationsgefälle* ist, also je höher die Gesamt-Konzentration ist! Der Antrieb für das Geschehen ist daher beim radioaktiven Zerfall die *Instabilität*, bei der CO_2-Entnahme ist er das *Konzentrationsgefälle*. Die Instabilität ist *jedem einzelnen Atom eingeprägt*, das Konzentrationsgefälle aber ist *keine Eigenschaft der einzelnen Moleküle, sondern von der Anzahl der Moleküle (aller CO_2-Moleküle) abhängig!*

Zusätzlich zur momentanen Konzentration in der Atmosphäre ist nur noch der momentane Zustand der Senken (CO_2-Konzentration in ihnen) wichtig, sonst nichts! Insbesondere ist der Abbau von CO_2 auch unabhängig davon, *wie lange die betroffenen CO_2-Moleküle schon in der Atmosphäre sind.* Nach Gleichung (2) haben demgegenüber alte CO_2-Moleküle nur noch lange Zeitkonstanten und sie werden dementsprechend nur langsam abgebaut, während neue CO_2-Moleküle teilweise auch kurze Zeitkonstanten haben und daher viel schneller abgebaut werden. Das widerspricht der Gleichheit der Moleküle!

Dieser Widerspruch sei mit zwei Rechnungen näher beleuchtet: Beide gehen vom ungestörten Gleichgewicht zwischen der Atmosphäre und ihren Senken als Ausgangszustand aus. Im Beispiel 1 wird die atmosphärische CO_2-Konzentration stoßartig um x ppm erhöht und dann der Abfall der Konzentration rechnerisch verfolgt. Dieser Abfall erfolgt im Bern-Modell gemäß Gleichung

(2) als Summe abnehmender Exponentialfunktionen mit einer immer länger werdenden Zeitkonstanten. Greifen wir einen beliebigen Punkt in dieser Abfallkurve heraus, etwa den »nach 100 Jahren«. Dann sind, siehe oben, noch ca. 30 % des zusätzlichen CO_2 in der Atmosphäre verblieben, rund 70 % sind bereits ausgelagert worden. Die weitere Abnahme der CO_2-Konzentration nach diesem Punkt »100 Jahre« verläuft nur mehr sehr langsam, da die kurzen Zeitkonstanten weitgehend aufgebraucht und fast nur noch die langen Zeitkonstanten wirksam sind.

Beim Beispiel 2 versetzen wir das System aus dem Gleichgewicht direkt in den Zustand »100 Jahre« des Beispiels 1. Wir stellen also durch irgendeinen Prozess schlagartig exakt die gleiche CO_2-Menge in der Atmosphäre und in allen anderen Reservoiren her, wie sie im Beispiel 1 nach 100 Jahren erreicht wird. Wir haben dann den gleichen Zustand, nur sind wir auf anderem Weg dorthin gekommen. Dieser Zustand sei nun im Beispiel 2 der Ausgangspunkt für die Berechnung des Abfalls der CO_2-Konzentration mit Gleichung (2). Wir stellen fest, dass dieser Abfall jetzt wesentlich schneller erfolgt als der weitere Verlauf in der Rechnung von Beispiel 1. Das ergibt sich einfach zwangsweise daraus, dass im Beispiel 1 zum Zeitpunkt »100 Jahre« praktisch nur noch lange Zeitkonstanten wirksam sind, während im Beispiel 2 sehr wohl auch die kurzen Zeitkonstanten verfügbar sind. *Ein und derselbe Zustand entwickelt sich daher deutlich unterschiedlich weiter, je nachdem, wie er zustande gekommen ist!* Das ist physikalisch nicht zu begründen. Was gleich ist, muss sich auch gleich weiter entwickeln!

Bleibt noch zu erklären, warum Gleichung (2) zwar den radioaktiven Zerfall eines Gemisches instabiler Atome richtig beschreibt, nicht aber die Entnahme von CO_2 aus der Atmosphäre: Eben weil die radioaktiven Atome sich voneinander unterscheiden und sich daher auch unterschiedlich verhalten, während die CO_2-Moleküle alle gleich sind und sich daher auch gleich verhalten! Die radioaktiven Atome verschwinden in Abhängigkeit von *ihren speziellen Eigenschaften*, die CO_2-Moleküle werden aus der Atmosphäre entnommen in Abhängigkeit *von ihrer Anzahl* (und von den speziellen Eigenschaften der Senken)! Gleichung (2) ist nicht an sich falsch, sie passt nur nicht zur Entnahme von CO_2 aus der Atmosphäre. Darauf angewendet, ist sie falsch.

108

7.3 Sättigung

Ein wesentliches Charakteristikum des Bern Carbon Cycle Model sind die gestuften Zeitkonstanten für die Entnahme von CO_2 aus der Atmosphäre. Real kann es diese Stufung nur geben, wenn die schnellen Senken vor Erreichen des neuen Gleichgewichtes in Sättigung gehen. Schon in Ziff. 7.2 wurde jedoch gesagt, dass das nicht der Fall ist: Bei der Entnahme von CO_2 aus der Atmosphäre bleiben alle Senken bis zum Schluss (Erreichen des neuen Gleichgewichtes) voll verfügbar! Sie arbeiten parallel und es gibt nur eine Zeitkonstante, die von der Summe aller Senken abhängt und die zeitlich konstant bleibt. Das soll hier noch etwas ausführlicher begründet werden.

Dazu zunächst die Klärung, was denn »Sättigung« überhaupt ist: Wenn wir z. B. zwei Behälter haben und der Übertrag vom Behälter 1 in den Behälter 2 durch Füllstandsausgleich (oder Konzentrationsausgleich) zum Erliegen kommt, dann ist das *keine* Sättigung! Wird in den Behälter 1 zusätzliches Wasser eingebracht, dann fließt auch wieder zusätzliches Wasser in den Behälter 2. Keine Sättigung liegt auch bei einem Fließgleichgewicht vor, also wenn der Füllstand gleich bleibt, weil Zu- und Abfluss gleich groß sind: Auch da wird bei erhöhtem Angebot mehr übertragen! *Sättigung gibt es nur, wenn nichts mehr in den Behälter 2 fließen kann.* Etwa, wenn der ein geschlossener Behälter und bereits voll mit Wasser ist. Dann passt eben nichts mehr hinein. Eine solche Sättigung ist aber tatsächlich nirgends in Sicht! Im Gegenteil, es gibt eine ganze Reihe von Argumenten, die klar gegen das Vorliegen einer Sättigung sprechen:

Die Historie:

Ozean und Biomasse haben im Laufe der Erdgeschichte schon *wesentlich mehr Kohlenstoff* enthalten als das zurzeit der Fall ist. Was sie früher konnten, können sie zukünftig auch!

Natürliche Umwälzung:

Die natürliche Umwälzung zwischen der Atmosphäre und dem Ozean und der Biomasse ist erforderlich, um örtliche und zeitliche Ungleichgewichte auszugleichen (Ziff. 5.13). Ihr Vorhandensein mit großen Raten ist auch durch Beobachtungen gesichert. Diese hohe natürliche Umwälzung kann jedoch nur funktionieren, *wenn schnell wirkende Senken CO_2 aufnehmen.* Das können sie aber nur, wenn sie ungesättigt sind. Also müssen sie ungesättigt sein.

Natürliches Gleichgewicht:

Ein natürliches Gleichgewicht kann sich überhaupt nur dann einstellen, wenn Freisetzungen z. B. aus vulkanischen Aktivitäten oder Wetteranomalien auch wieder abgebaut werden. Dazu muss es ungesättigte Senken geben.

Gewachsene Aufnahme durch Ozean und Biomasse:

Nach IPCC-Betrachtungsweise haben Ozean und Biomasse seit Beginn der Industrialisierung laufend etwa die Hälfte der jeweiligen anthropogenen Freisetzungen aufgenommen. Falls es eine zusätzliche Quelle gibt, haben sie sogar noch viel mehr aufgenommen. Aber wie auch immer, ihre Aufnahme hat auf jeden Fall *ganz erheblich zugenommen.* Eine solche Zunahme ist aber nur möglich, wenn es keine Sättigung gibt!

Jahreszeitliche Zyklen:

Abb. 4 zeigt den Verlauf der CO_2-Konzentration in der Atmosphäre. Neben einem allmählichen Anstieg erkennt man ausgeprägte saisonale Schwankungen. Die standardmäßige Erklärung hierfür ist: Abfall in der Wachstumsphase der Biomasse in Frühjahr und Sommer, Anstieg in Herbst und Winter durch Verrotten von Biomasse (dominiert von der Nordhalbkugel, auf der es sehr viel größere Landmassen gibt als auf der Südhalbkugel). Diese saisonalen Schwankungen sind mit einer Amplitude von grob etwa 7 ppm *deutlich größer als die anthropogenen Freisetzungen mit ca. 4 ppm pro Jahr.* Wären die schnellen Senken für CO_2 aus der Atmosphäre in Sättigung, könnten sie diese saisonalen Schwankungen nicht mitmachen! Die Freisetzungen würden sich *akkumulieren* und die CO_2-Konzentration würde sehr viel *schneller ansteigen.* Das widerspricht klar den Beobachtungen!

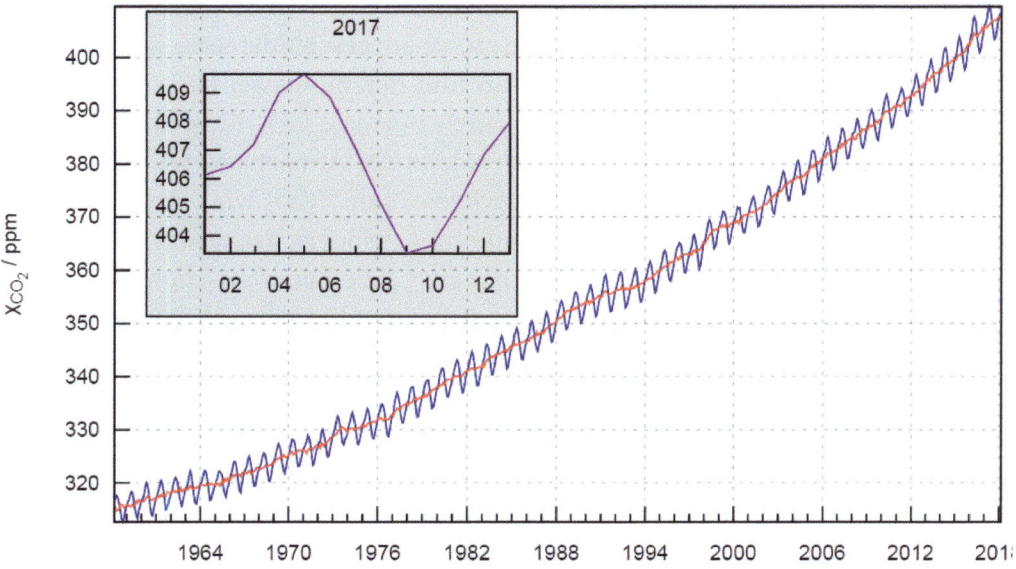

Abb. 4: Atmosphärische CO_2-Konzentration, gemessen am Mauna Loa auf Hawaii. Allmählicher Anstieg, überlagert durch ausgeprägte saisonale Schwankungen. Blau: Messwerte, rot: Mittelwerte; im Fenster ist exemplarisch der Verlauf von 2017 vergrößert dargestellt. Quelle: Wikipedia.

$^{14}CO_2$ aus den Atombombenversuchen:

Zur Erinnerung: Gestufte Zeitkonstanten gibt es nur, wenn die schnellen Senken vor Erreichen des neuen Gleichgewichtes in Sättigung gehen. Und umgekehrt, wenn sie in Sättigung gehen, dann muss es gestufte Zeitkonstanten geben. Schauen wir uns hierzu nochmals den Abfall der $^{14}CO_2$-Konzentration in der Atmosphäre an (Ziff. 5.12): Dieser Abfall erfolgt seit nunmehr mehr als fünf Jahrzehnten nach einer Exponentialfunktion mit *einer festen Zeitkonstanten* von ca. 15 Jahren! Dabei ist das neue Gleichgewicht schon fast vollständig erreicht. Dieser Abfall widerspricht eindeutig Stufung und Sättigung!

In Ziff. 5. 12 ergab sich das Problem, dass die beobachteten 15 Jahre aus Sicht des IPCC zu kurz waren: Die anthropogenen Freisetzungen müssen viel länger in der Atmosphäre verbleiben, wenn sie das starke Anwachsen der

CO_2-Konzentration erklären sollen. Also meint IPCC, dass der $^{14}CO_2$-Abfall nicht der Entnahme von CO_2 aus der Atmosphäre geschuldet wäre, sondern nur der Durchmischung mit dem Ozean und der Biomasse. Diese Durchmischung würde nur $^{14}CO_2$-Moleküle durch normale CO_2-Moleküle ersetzen, ohne die Gesamtzahl der CO_2-Moleküle in der Atmosphäre zu reduzieren. Das wurde bereits in Ziff. 5.12 zurückgewiesen: $^{14}CO_2$ wird nicht nach einer Sonderregel der Atmosphäre entnommen, sondern genauso wie jedes andere CO_2! Aber die Kritik geht noch weiter: Die Durchmischung kann den Abfall der Konzentration gegenüber der reinen Entnahme *höchstens beschleunigen* und auf keinen Fall verzögern! Es müssten daher *alle Zeitkonstanten* für die Entnahme *länger sein als 15 Jahre*! Gemäß Tab. 1 gibt IPCC aber sehr wohl auch kürzere Zeitkonstanten an! Der IPCC-Deutungsversuch für die $^{14}CO_2$-Beobachtungen und die Werte in Tab. 1 passen nicht zusammen. *Die beobachtete feste Zeitkonstante für die $^{14}CO_2$-Abnahme spricht klar gegen mehrfache Zeitkonstanten und gegen Sättigung!*

Sättigung zusammengefasst:

Welche Beobachtungen auch immer man heranzieht, es gibt *keine Anzeichen für eine Sättigung*. Das passt auch zu den Größenverhältnissen: Der Ozean enthält etwa 50 Mal mehr Kohlenstoff als die Atmosphäre, er enthält ca. 500 Mal so viel, wie er jährlich aus der Atmosphäre mindestens aufnimmt (mindestens, weil er mehr aufnimmt, wenn es tatsächlich eine zusätzliche Quelle gibt) und er enthält rund 5000 Mal so viel, wie jährlich anthropogen freigesetzt wird. Wo sollte da plötzlich eine Sättigung für die Aufnahme der anthropogenen Freisetzungen herkommen? Dass daran auch die starke Nicht-Linearität der Wechselwirkung der Atmosphäre mit der oberflächennahen Ozeanschicht nichts ändert, wurde schon in Ziff. 5.15 gezeigt: Die insgesamt zeitbestimmende Größe ist der Weitertransport von Kohlenstoff in den tieferen Ozean. Der erfolgt erstens *weitgehend linear* und im tiefen Ozean ist zweitens *noch viel Platz* für mehr Kohlenstoff vorhanden!

Ohne Sättigung bleiben aber die staken Senken für CO_2 voll erhalten! Sie wirken alle parallel. Das neue Gleichgewicht *wird mit einer einheitlichen und nicht mit einer immer länger werdenden Zeitkonstanten erreicht!* Das Bern Carbon Cycle Model kann die Verhältnisse beim Austrag von CO_2 aus der Atmosphäre nicht richtig beschreiben, weil es eine dafür nicht gültige Formel verwendet.

7.4 Bewertung

Ein Kompromiss ist nur schwer vorstellbar: *CO_2-Entnahme aus der Atmosphäre und radioaktiver Zerfall sind zwei verschiedene Dinge!* Wenn man das Eine mit der Gleichung für das Andere berechnet, dann kann man keine richtigen Ergebnisse erhalten! Ganz analog, wie man die Fläche eines Kreises nicht mit der Formel für die Fläche eines Quadrates berechnen kann! Das Bern Carbon Cycle Model leidet nicht nur am Grundsatzproblem der IPCC-Betrachtungsweise, zwischen natürlich freigesetzten und anthropogen freigesetzten CO_2-Molekülen zu unterscheiden, sondern es macht auch die weitere Unterteilung der anthropogen freigesetzten CO_2-Moleküle in einer Weise, die *mit der Physik nicht vereinbar ist!*

Mit dem Bern Carbon Cycle Model kann man die Vergangenheit relativ gut nachrechnen, weil die Parameter daraufhin optimiert sind. Das geht immer, wenn man hinreichend viele anpassbare Parameter zur Verfügung hat. Das sagt aber nichts über die Qualifizierung für Vorausrechnungen aus. Hierfür ist vielmehr eine Übereinstimmung mit den physikalischen Grundlagen erforderlich. Die ist beim Bern Carbon Cycle Model nicht ausreichend gegeben!

8 Zusammenfassung

IPCC hat ein in sich geschlossenes Gesamtsystem zur Beschreibung des Kohlenstoffkreislaufes der Erde entwickelt. Dabei geht IPCC insbesondere von folgenden Annahmen aus:

1. Im Jahre 1750 herrschte Gleichgewicht bei 280 ppm CO_2-Konzentration in der Atmosphäre und jährlichem Austausch von etwa einem Viertel des atmosphärischen CO_2-Inventars.

2. Ohne menschliche Eingriffe würde dieses Gleichgewicht heute noch unverändert weiter bestehen.

3. Gestört wird dieses Gleichgewicht durch die anthropogenen CO_2-Freisetzungen (nur durch diese!). Diese Freisetzungen haben die CO_2-Konzentration in der Atmosphäre seit 1750 bis heute auf 410 ppm erhöht. Derzeit betragen die anthropogenen Freisetzungen 4 ppm/a. Etwa die Hälfte von ihnen verbleibt in der Atmosphäre. Die Konzentration in der Atmosphäre nimmt dadurch jährlich um 2 ppm zu.

Alle drei Annahmen sind umstritten. Stimmen sie nicht, bricht das System von IPCC in sich zusammen. In diesem Buch wird gezeigt, dass die erste Annahme fraglich ist und dass die anderen beiden Annahmen höchstwahrscheinlich unberechtigt sind. Vor allem aber wird gezeigt, *dass die drei Annahmen zusammen auf jeden Fall nur dann stimmen können, wenn es unterschiedliche Zeitkonstanten für die Entnahme von CO_2-Molekülen aus der Atmosphäre gibt!* Das ist der entscheidende Punkt! Gibt es diese unterschiedlichen Zeitkonstanten nicht, *dann stimmt das System nicht, die Schlussfolgerungen für das Klima stimmen nicht und die daraus abgeleiteten Forderungen zur Reduzierung der CO_2-Freisetzungen verlieren ihre Begründung!*

Genau das wird in diesem Buch gezeigt: *Nach den Regeln der Physik kann es keine unterschiedlichen Zeitkonstanten für die Entnahme von CO_2-Molekülen* *aus einer sich selbst überlassenen Atmosphäre geben! Die Annahmen von IPCC für die Modelle passen daher nicht zum System »Erde« mit seinen physikalischen Gesetzmäßigkeiten! Mit allen Folgen, die sich daraus ergeben!*

Nach Meinung von IPCC gelten die unterschiedlichen Zeitkonstanten für natürlich freigesetzte und für anthropogen freigesetzte CO_2-Moleküle, genauer für entsprechende Mengen von Molekülen: Für die Entnahme von natürlich freigesetzten CO_2-Molekülen gilt eine sehr kurze Zeitkonstante, die durch die natürliche Umwälzung bestimmt wird. Für die Entnahme von anthropogen freigesetzten CO_2-Molekülen gilt eine viel längere Zeitkonstante, die unabhängig von der natürlichen Umwälzung ist. Diese lange Zeitkonstante führt zu einer erheblichen Ansammlung von CO_2 in der Atmosphäre, konkret so, dass die Hälfte der anthropogenen Freisetzungen in der Atmosphäre verbleibt.

IPCC meint, die Existenz dieser unterschiedlichen Zeitkonstanten mit seinen Kohlenstoffkreislauf-Modellen beweisen zu können. Die Ergebnisse würden daher auch die Richtigkeit der oben genannten Annahmen zeigen. Das geht aber nicht: Die genannten Annahmen sind feste Vorgaben für diese Modelle. Diese Modelle müssen daher genau diese Ergebnisse liefern, einschließlich der unterschiedlichen Zeitkonstanten! Deren Existenz mit den Modellen beweisen zu wollen, ist ein unzulässiger Kreisschluss!

Die Ergebnisse der Modelle des IPCC zeigen nur, dass die Vorgaben für diese Modelle *zwingend unterschiedliche Zeitkonstanten erfordern.* Anders ausgedrückt: Die Ergebnisse der Modelle des IPCC zeigen, *dass die Vorgaben falsch sein müssen, wenn es keine unterschiedlichen Zeitkonstanten gibt!* Ob sie falsch sind, kann von den Modellen des IPCC nicht beantwortet werden, eben weil diese Modelle auf den genannten Vorgaben aufbauen.

Weil die Frage so wichtig ist, werden in der Literatur manchmal auch andere Modelle herangezogen, mit anderen Vorgaben, die die Existenz unterschiedlicher Zeitkonstanten trotz hoher natürlicher Umwälzung und Gleichbehandlung aller CO_2-Moleküle belegen sollen. Beispielhaft wird in diesem Buch ein häufig vorgebrachtes Modell untersucht, das 1 €-Münzen als Analogon zum CO_2 verwendet: Trotz hoher Umsätze und geringer Zuschüsse nimmt die Zahl der 1€-Münzen deutlich zu. Aber auch bei diesem Modell werden die Ergebnisse nicht aus dem Modellverhalten abgeleitet, analog zum physikalischen Verhalten einer sich selbst überlassenen Atmosphäre, sondern sie sind bereits in den Annahmen fest vorgegeben, bzw. die relevante Frage wird gar nicht gestellt. Die hier aufgezeigten Fehler gelten für alle ähnlichen Modelle analog.

Noch einen weiteren Modelltyp gibt es in der Literatur, der die Existenz unterschiedlicher Zeitkonstanten trotz hoher natürlicher Umwälzung belegen will. Diesmal allerdings mit dem Ziel, eine wesentlich kürzere Zeitkonstante für das Abklingen einer Störung nachzuweisen, als sie sich aus den IPCC-Modellen ergibt. Kern dieser Modelle sind zwei Annahmen: Erstens, dass die Erhöhung der CO_2-Konzentration von 280 auf 410 ppm den anthropogenen Freisetzungen geschuldet ist und zweitens, dass die Konzentration sich bei Beenden dieser anthropogenen Freisetzungen proportional zum Konzentrationsüberschuss über 280 ppm hinaus abbauen würde. Daraus ergibt sich dann eine Zeitkonstante in der Größenordnung von etwa 50 Jahren. Das ist tatsächlich wesentlich kürzer als die IPCC-Angaben, aber immer noch wesentlich länger als die Verweilzeit der natürlich freigesetzten CO_2-Moleküle. Auch hier wird gezeigt, dass die Modelle nicht der Physik entsprechen und das gewünschte Ergebnis bereits in den Vorgaben fest eingebaut ist. Die Existenz zweier Zeitkonstanten lässt sich damit nicht beweisen.

Neben der Zurückweisung der angeblichen Beweise für die Existenz unterschiedlicher Zeitkonstanten wird in diesem Buch auch eine eigenständige Bewertung anhand physikalischer Überlegungen vorgenommen: Weil die Atmosphäre gut durchmischt ist, hat sie nicht nur überall die gleiche Konzentration, sondern sie hat notwendigerweise auch überall die *gleiche Zusammensetzung*. Alle CO_2-Moleküle in der Atmosphäre sind daher gleichberechtigt, für keines kann man sagen, aus welcher Quelle es in die Atmosphäre eingespeist worden ist und in welche Senke es später einmal ausgelagert werden wird. *Alle CO_2-Moleküle in der Atmosphäre müssen sich daher gleich verhalten, sie unterliegen alle zwangsweise der natürlichen Umwälzung und für alle gilt unausweichlich die gleiche (kurze) Zeitkonstante für ihre Entnahme!*

Zur Absicherung wird die Existenz oder Nichtexistenz unterschiedlicher Zeitkonstanten aus mehreren Blickwinkeln überprüft. Immer mit dem gleichen Ergebnis: *Für die Entnahme von CO_2 aus der Atmosphäre gibt es nur eine Zeitkonstante!* Auch für viele andere Einzelergebnisse der IPCC-Modelle wird gezeigt, dass sie mit physikalisch begründeten Erwartungen nicht vereinbar sind. Das Ergebnis aller Untersuchungen ist eindeutig: *Die IPCC-Modelle stimmen von ihrem grundsätzlichen Ansatz her nicht ausreichend gut mit den realen Verhältnissen überein! Die Modelle sind daher für Vorausrechnungen ungeeignet und ihre Ergebnisse sind irreführend.*

Die Notwendigkeit für zwei verschiedene Zeitkonstanten ergibt sich in den IPCC-Modellen aus der getrennten Betrachtung natürlich und anthropogen freigesetzter CO_2-Moleküle. In einer Verfeinerung, dem *Bern Carbon Cycle Model*, werden die anthropogen freigesetzten CO_2-Moleküle *zusätzlich noch in mehrere Gruppen mit je unterschiedlichem Verhalten unterteilt.* Um das Verhalten der einzelnen Gruppen und damit des gesamten anthropogen freigesetzten CO_2 zu beschreiben, wurde für dieses Modell die Formel ausgewählt, die für den *radioaktiven Zerfall* eines Gemisches instabiler Atome gilt. *In diesem Buch wird gezeigt, dass diese Formel bei Anwendung auf die Entnahme von CO_2 aus der Atmosphäre zu irreführenden Ergebnissen führt.* Das Bern Carbon Cycle Model ist daher ungeeignet, zutreffende Vorausrechnungen zu liefern.

Nach IPCC sind die anthropogenen Freisetzungen die *alleinige Ursache* des beobachteten Anstieges der CO_2-Konzentration in der Atmosphäre von 280 auf 410 ppm. Dem steht entgegen, dass die allgemeine Erwärmung um ca. 1 Grad auf jeden Fall zu einer verstärkten Ausgasung aus dem Ozean geführt hat. *Alleinige Ursache kann daher nicht stimmen!* Außerdem muss die Entnahme von CO_2-Molekülen aus der Atmosphäre grundsätzlich *proportional zur CO_2-Konzentration in ihr* sein. Wenn bei 280 ppm jährlich 80 ppm entnommen wurden (IPCC-Wert für das Gleichgewicht 1750), dann müssen bei 410 ppm insgesamt *$80 \times 410/280 = 117$ ppm/a entnommen werden.* Das fordert die Physik. Wodurch die 410 ppm entstanden sind und wie viel CO_2 gleichzeitig in die Atmosphäre freigesetzt wird, ist dafür egal. Aber derzeit *wächst die Konzentration um 2 ppm/a!* Das passt nur zusammen, wenn bei einer Entnahme von 117 ppm/a *insgesamt 119 ppm/a eingespeist werden!* Das fordert die Mathematik. Natürliche Umwälzung wie im Jahre 1750 und anthropogene Freisetzungen von heute machen zusammen aber nur 84 ppm/a aus. *Ca. 35 ppm/a müssen daher aus einer anderen Quelle stammen.* Ein Teil dieser 35 ppm/a ist sicher der allgemeinen Erwärmung geschuldet, siehe gerade, weitere Quellen müssen noch untersucht werden. Solange wir diese zusätzliche(n) Quelle(n) nicht kennen und insbesondere, solange wir sie nicht *auch reduzieren* können, kann eine auch noch so starke Reduzierung der anthropogenen Freisetzungen *nicht viel bringen!* Dazu sind die anthropogenen Freisetzungen einfach zu klein.

Als Alternative zu den IPCC-Modellen wird in diesem Buch ein als *»Umwälz-Modell«* bezeichnetes Modell vorgeschlagen. Es behandelt alle CO_2-Moleküle gleich, es trägt der Durchmischung in der Atmosphäre Rechnung, es berücksichtigt die hohe natürliche Umwälzung und deren Abhängigkeit von Störungen und in ihm erfolgt die Entnahme von CO_2 aus der Atmosphäre in Abhängigkeit von der Konzentration und unabhängig von der (momentanen) Freisetzung. Das Modell eignet sich vor allem, den realen CO_2-Austausch zwischen der Atmosphäre und den mit ihr verbundenen Speichern besser zu verstehen. Es kommt mit einer Zeitkonstanten aus, *fordert aber die Existenz einer zusätzlichen Quelle* als Hauptverursacher der stark erhöhten CO_2-Konzentration in der Atmosphäre. Mit dieser zusätzlichen Quelle scheint das Modell alle Beobachtungen schlüssig und widerspruchsfrei erklären zu können.

Alle Modelle, die zu unterschiedlichen Zeitkonstanten kommen, gehen nach dem gleichen Grundmuster vor: Die CO_2-Umwälzung zwischen der Atmosphäre und den Speichern Ozean und Biomasse wird *nicht im Modell nach physikalischen Gesetzen ermittelt, sondern sie wird in »geeigneter Weise« fest vorgegeben.* Ist diese Vorgabe ausgeglichen, hat die Umwälzung keinen Einfluss auf die CO_2-Konzentration. Eine durch anthropogene Freisetzungen eingebrachte Störung verbleibt dann vollständig und auf ewig in der Atmosphäre (nicht die individuellen Moleküle, wohl aber eine gleich große Menge an Molekülen)! Ist die Vorgabe für die Umwälzung unausgeglichen, ändert (reduziert oder erhöht) sich das Inventar und damit die Konzentration in der Atmosphäre um diese Unausgeglichenheit. In beiden Fällen ist die Zeitkonstante, mit der sich die Konzentration in der Atmosphäre verändert, *durch die Vorgaben festgelegt* und sie sagt nichts über die Zu- oder Abnahme von CO_2 aus, wenn die Atmosphäre *sich selbst überlassen* wird! Zu einer physikalisch richtigen Aussage kommt man nur, wenn sich auch im Modell die Umwälzung *frei nach physikalischen Gesetzen* einstellt. Dann ergibt sich eben eine *einheitliche und für alle CO_2-Moleküle bzw. alle CO_2-Teilmengen gleiche (und bei hoher Umwälzung kurze) Zeitkonstante!* Im »Umwälz-Modell« richtet die Umwälzung sich nach den physikalischen Gesetzen, es kennt nur eine einheitliche Zeitkonstante, in den IPCC-Modellen wird die Umwälzung von außen vorgegeben, daraus resultieren die unterschiedlichen Zeitkonstanten!

Wenn denn die aufgezeigten Unzulänglichkeiten der IPCC-Modelle stimmen, dann sind die Konsequenzen ebenso eindeutig wie bedeutsam: *Das stark angewachsene CO_2 in der Atmosphäre kann weder vollständig noch überwiegend aus den anthropogenen Freisetzungen stammen! Es muss vielmehr eine andere CO_2-Quelle erheblich mit dazu beigetragen haben!* Der wichtigste Kandidat dafür ist die allgemeine Erwärmung, unabhängig von ihrer Ursache. Als weitere mögliche Quellen kommen noch z. B. Veränderungen von Meeresströmungen mit unterschiedlichem CO_2-Gehalt oder vulkanische Ausgasungen infrage. Hier in diesem Buch wird nur gezeigt, dass *der überwiegende Teil des vielen CO_2 in der Atmosphäre nach den Regeln der Physik nicht aus den anthropogenen Freisetzungen stammen kann und es eine erhebliche andere Quelle geben muss!* Welche Quelle das ist, erfordert weitergehende Untersuchungen.

Wenn diese Argumentation trägt, *dann gibt es nur noch zwei Möglichkeiten*:

1. Entweder ist CO_2 wirklich klimabestimmend. *Dann bestimmt überwiegend nicht anthropogen freigesetztes CO_2 unser Klima!* Eine Reduktion der anthropogenen Freisetzungen hat dann keinen nennenswerten Einfluss.

2. *Oder irgendetwas Anderes und nicht das CO_2 bestimmt das Klima.* Dann sind die anthropogenen CO_2-Freisetzungen *erst recht nicht schuld* an der Erwärmung!

Die Konsequenzen sind in beiden Fällen gravierend: Wir müssen nochmals umdenken! *Der Mensch beeinflusst das Klima nicht!* Jedenfalls durch seine CO_2-Freisetzungen beeinflusst er es höchstens marginal. *Die anthropogenen CO_2-Freisetzungen müssen daher nicht eingestellt werden! Für einen »Klimanotstand« gibt es keine physikalische Begründung.* Und, das sei noch ergänzt, für den »Green Deal« der EU-Kommission auch nicht!

9 Schlussbemerkung

Mit den Überlegungen hier *sieht das Klimaproblem ganz anders aus als es üblicherweise geschildert bzw. diskutiert wird: Die offene Frage ist vor allem der Kohlenstoffkreislauf.* Der vielfache und scheinbar endlose Streit über die Klimasensitivität des CO_2 und andere Klimaprobleme (siehe z. B. /6/) ist entbehrlich, solange nicht nachgewiesen ist, dass das viele CO_2 in der Atmosphäre tatsächlich aus den anthropogenen Freisetzungen stammt. Diese Diskussionen sollte daher Vorrang haben.

10 Sachregister

A

Adjustment time 14, 64, 68, 70

Airborne fraction 20f

Anpassungszeit 70

Anthropogene Freisetzung, Größe der 7, 17, 24, 29, 36–38, 40–42, 50, 63, 70, 78f, 82, 94, 110, 112, 115, 119

Anthropogene Freisetzung, Verbleib 7, 10f, 17, 19–21, 23f, 29f, 32f, 35f, 39, 41–43, 68f, 71, 75–77, 91, 99, 110f, 115f, 118–120, 123

Äquator 49f

Atombombe 45, 48, 111

Atomsorte 101–105

Aufgezwungene Zeit 70f

Ausgasen 38f, 49, 55, 72, 74, 118, 120

Ausgleichsleitung 52f, 84f, 88–94

B

Bern Carbon Cycle Model 19–21, 43, 48, 97–99, 103, 106f, 109, 113, 118

Bikarbonat 55–57

Biomasse 7, 13, 17, 24, 26f, 39f, 44–49, 52f, 62f, 72, 76f, 80, 84, 87, 90, 94, 109f, 112, 119

C

14C 25, 44–48, 68, 111f

Chemische Umwandlungen 24f, 38, 52, 55–58, 60, 62f

D

Decay constant 101

Diffusion 49, 57–60, 83, 94

Dissoziation 56f

Durchfluss 26, 52–54, 81, 85, 89f

Durchmischung 7, 25f, 28, 30f, 36f, 41f, 45, 49, 68f, 75–77, 81f, 112, 117, 119

E

e-folding-time 14, 64, 67

Einspeisung 28, 82, 85

Eisbohrkern 38

Eiszeit 23, 38

Enforced time 70

Entnahmerate 14, 40, 63, 91, 103

Erwärmung 7–9, 38f, 74, 118–120

Exponentialfunktion, exponentiell 14, 45, 53, 73, 98, 100f, 106, 108, 111

F

Fass 65

Fließgleichgewicht 13, 27, 44, 50, 66, 82f, 85, 88, 90f, 94, 109

Fossile Energieträger 9, 13, 24, 43, 50, 67, 72, 78

Fotosynthese 49, 59, 62

Freisetzung auf null reduzieren 21, 43, 78

Füllstand 14, 52–54, 85, 87–90, 109

11 Literaturverzeichnis

/1/ IPCC FAR: »Climate Change, The IPCC Scientific Assessment«, [J. T. Houghton, G. J. Jenkins, J. J. Ephraums (eds.)], Cambridge University Press, 1990

/2/ IPCC SAR: »Climate Change 1995, The Science of Climate Change«, Contribution of WGI to the Second Assessment Report of the Intergovernmental Panel on Climate Change [J. T. Houghton, L. G. Meira Filho, B. A. Callender, N. Harris, A. Kattenbnerg, K. Maskell (eds.)], Cambridge University Press, 1995

/3/ IPCC TAR: »Climate Change 2001: The Scientific Basis«, Contribution of Working Group I to the Third Assessment Report of the Intergovernmental Panel on Climate Change [Houghton, J.T., Y. Ding, D.J. Griggs, M. Noguer, P.J. van der Linden, X. Dai, K. Maskell, and C.A. Johnson (eds.)]. Cambridge University Press, Cambridge, United Kingdom and New York, NY, USA, 881 pp.

/4/ IPCC AR 4: »Climate Change 2007: The Physical Science Basis«. Contribution of Working Group I to the Fourth Assessment Report of the Intergovernmental Panel on Climate Change [Solomon, S., D. Qin, M. Manning, Z. Chen, M. Marquis, K.B. Averyt, M. Tignor and H.L. Miller (eds.)]. Cambridge University Press, Cambridge, United Kingdom and New York, NY, USA, 996 pp.

/5/ IPCC AR 5: »Climate Change 2013: The Physical Science Basis«. Contribution of Working Group I to the Fifth Assessment Report of the Intergovernmental Panel on Climate Change [Stocker, T.F., D. Qin, G.-K. Plattner, M. Tignor, S.K. Allen, J. Boschung, A. Nauels, Y. Xia, V. Bex and P.M. Midgley (eds.)]. Cambridge University Press, Cambridge, United Kingdom and New York, NY, USA, 1535 pp.

/6/   Eike Roth: »Probleme beim Klimaproblem – Ein Mythos zerbricht«,
      BoD-Verlag Norderstedt 2019, ISBN 978-3-7481-8275-7.

/7/   Hermann Harde: »What Humans Contribute to Athmospheric CO_2:
      Comparison of Carbon Cycle Models with Observations«, Earth Sciences,
      Vol. 8, No. 3, 2019, pp. 139-159. doi: 10.11648/j.earth.20190803.13.

/8/   Ferdinand Engelbeen: »Origin of the Recent CO_2 Increase in the
      Atmosphere«: *http://www.ferdinand-engelbeen.be/klimaat/CO2_origin.html.*

/9/   »Unser blauer Planet wird grüner – Steigender Kohlendioxidgehalt der Luft
      fördert das Pflanzenwachstum«: *https://www.scinexx.de/news/geowissen/
      unser-blauer-planet-wird-gruener/.*

/10/ IPCC 1994: »Climate Change 1994, Radiative Forcing of Climate Change and
      An Evaluation of the IPCC IS92 Emission Scenarios«. Reports of Working
      Groups I and III of the Intergovernmental Panel on Climate Change, forming
      part of the IPCC Special Report to the first session of the Conference of
      the Parties to the UN Framework Convention on Climate Change [J.T.
      Houghton, L.G. Meira Filho, J. Bruce, Hoesung Lee, B.A. Callander, E. Haites,
      N. Harris and K. Maskell (eds.)], Cambridge University Press, 1995.

/11/ »Parameters for tuning a simple carbon cycle model«, United Nations
      Framework Convention on Climate Change; *https://unfccc.int/resource/
      brazil/carbon.html.*

/12/ Zbigniew Jaworowski: »CO_2: The Greatest Scientific Scandal of Our Time«,
      EIR Science, March 16, 2007.

/13/ H.-J. Lüdecke, C. O. Weiß: »Simple Model for the Anthropogenically Forced
      CO_2 Cycle Tested on Measured Quantities«, JGEESI, 8(4), pp. 1-12, 2016.
      DOI: 10.9734/JGEESI/2016/30532. FAR: »Climate Change, The IPCC
      Scientific Assessment«, [J. T. Houghton, G. J. Jenkins, J. J. Ephraums (eds.)],
      Cambridge University Press, 1990

12 Über den Autor

Dr. Eike Roth wurde 1941 in Kronstadt, Siebenbürgen, geboren. Er studierte in Wien Physik und promovierte 1967 dort zum Doktor der Philosophie, Fachrichtung Physik. Beruflich war er im Gebiet der Kernenergie tätig, zum Schluss als Technischer Leiter in einem großen deutschen Kernkraftwerk. Seit seiner Pensionierung lebt er wieder in Österreich.

Durch den Beruf bedingt und aus persönlichem Interesse hat er sich schon früh intensiv mit Fragen des Energiebedarfs der Menschen, seiner Deckung und den Auswirkungen auf Lebensbedingungen und Umwelt beschäftigt. Das macht er auch heute noch. Zentrales Thema war und ist dabei das Klimaproblem. Er hat sich an zahlreichen Diskussionen hierzu beteiligt, einschlägige Vorlesungen gehalten und Fachpublikationen geschrieben. Populärwissenschaftliche Bücher haben ihn in einem größeren Umfeld bekannt gemacht. Mit dem vorliegenden Buch will er ein weiteres Mal der Bringschuld der Wissenschaftler gegenüber der Öffentlichkeit nachkommen. Das auch deshalb, weil neuere Erkenntnisse eine Revision früherer Ansichten erforderlich machen.

Außerhalb von Beruf und Klimadiskussionen ist Eike Roth ein begeisterter Bergsteiger und hat auch ein Buch über Lawinen geschrieben. Auch dabei half ihm sein physikalisches Grundverständnis, komplizierte Sachzusammenhänge zu durchleuchten und verständlich darzustellen.

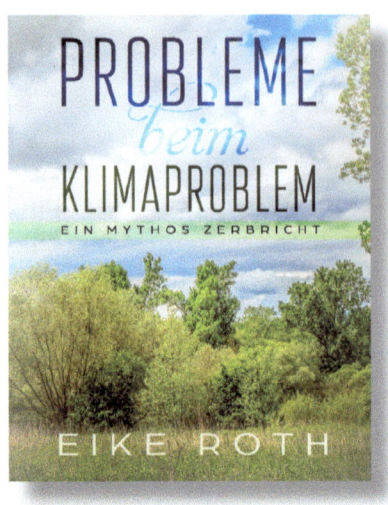

Eike Roth:
Probleme beim Klimaproblem – Ein Mythos zerbricht
BoD-Verlag Norderstedt 2019, ISBN 978-3-7481-8275-7

Konsens in der Wissenschaft?

Der Autor räumt mit dem weit verbreiteten Mythos auf, in der Klimawissenschaft gäbe es einen Konsens. Den hätten viele gerne, aber bei genauerem Hinsehen ist er ganz einfach nicht da. Dissens gibt es nicht nur bei der zentralen Frage der realen Klimawirksamkeit des CO_2 und welche Rolle andere Ursachen spielen, insbesondere die Sonne, sondern auch in zahlreichen anderen Punkten: Welches Klima ist denn überhaupt »optimal«? Wie ist das Klimaproblem gegenüber anderen Problemen einzuordnen? Wie ist die Ankurbelung des Pflanzenwachstums durch CO_2 gegenzurechnen? Haben Extremwetterereignisse zugenommen und wie wahrscheinlich sind Kippunkte im Klimageschehen? Wie sehr müssen wir unsere CO_2-Freisetzungen reduzieren? Welche Kosten fallen hierfür an und wie sind die Erfolgsaussichten? Und noch in vielen anderen Fragen auch.

In gut verständlicher Form erklärt der Autor, was jeweils tatsächlich umstritten ist, welche Bedeutung das für das Klimaproblem insgesamt hat und welche Folgerungen daraus zu ziehen sind. Das Buch soll zur Versachlichung der Diskussion beitragen. Der Leser wird eingeladen, sich selbst ein Bild zu machen.